名人明星
联袂推荐

• 婚姻就是两个人在厌倦对方后，还能一起努力重新爱上对方，然后重复这个过程。恋爱容易，守爱难，这本书告诉你如何守住你的爱情。

滕华涛

《蜗居》《失恋33天》导演

• 包括我在内，很多女孩子都像黄小仙一样，刀子嘴豆腐心，有时候因为倔犟错过很想珍惜的人。恋爱的世界里，没有人是完美的，就在于你怎么学会维护感情。李博士会教人看清很多恋爱中的困惑，让你做一个恋爱达人。

白百何

《失恋33天》中黄小仙的扮演者

• 相亲节目之所以好看，是因为这个舞台实现了来自不同行业不同背景的人们价值观、爱情观的大碰撞。看懂了这本书，你就会明白舞台上形形色色的爱情百态。

王刚

江苏卫视《非诚勿扰》制片人

• 看完李松博士的书，一个人思索了很久，真的很久，大概三支烟的工夫。细细地品味一番，总结一下男女之间的交往，我提供三个法宝：

1.有的女生，如果你爱她，你要真诚地表白，去感动她；有的女生，如果你爱她，你要做的反而是骂她；有的女生，如果你爱她，你要故意地顾左右而言他。

2.请熟练地掌握其中的一项，那么你找到心爱女生的日子就不会太远了。

3.如果你发现你已经熟练地掌握了多项，并能够融会贯通、游刃有余，

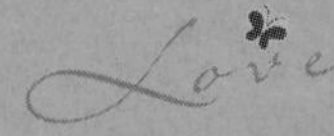

那么我只能悲哀地告诉你，你已经是个花花公子了。

李松博士的书揭示了男女交往的本质和秘密，它可以作为一本枕边书，因为每看一遍都会有不同的感受，可谓是恋爱的《资本论》、沟通的《孙子兵法》。

邵智愚

东方卫视《百里挑一》《谁能百里挑一》制片人

• 两个人在茫茫人海中相遇相爱，是命中注定，还是缘来有因？你能明白对方的暗示吗？恋爱心理千姿百态、变幻莫测，一起跟着李松博士来补补课吧。

陈佃

浙江卫视《爱情连连看》制片人

• 年轻的时候，总以为爱是一件很简单的事，以为缘分会把一个完美伴侣送到你的面前，以为两人都只天长地久地爱对方一个人，心爱的他还会自觉地把结婚提上日程，然而成熟后却发现，爱情并不是我们想的那么简单，而更像是一场残酷的博弈。这是一本让你更懂爱情的书。

杨冰阳

情感专栏作家

• 人生就是一种不断的学习，主持要学会临场反应，跌倒要练习优雅地再站起来，单身就要研究如何找寻真爱！这是一本告诉你恋爱根源的秘籍，当做参考书来看看吧！

侯佩岑

台湾著名主持人、演员

• 这是一本爱情箴言，值得一生拥有。

卢庚戌

“水木年华”成员

好爱情就是要算计

精细数据助你摆平恋爱中的纠结事

李松 麦玉娇◎著

CNS PUBLISHING & MEDIA
湖南文艺出版社
HUNAN LITERATURE AND ART PUBLISHING HOUSE
博集天卷
CS-BOOKY

图书在版编目（CIP）数据

好爱情就是要算计 / 李松，麦玉娇著．—长沙：湖南文艺出版社，2012.5

ISBN 978-7-5404-5218-6

Ⅰ．①好…　Ⅱ．①李…　②麦…　Ⅲ．①恋爱—通俗读物　Ⅳ．① C913.1-49

中国版本图书馆 CIP 数据核字（2011）第 220550 号

上架建议：两性情感·生活

好爱情就是要算计

作　　者：李　松　麦玉娇
出 版 人：刘清华
责任编辑：唐　明
监　　制：刘　丹
策划编辑：王　静
文案编辑：王　蕾
营销编辑：刘智慧
版式设计：李　洁
插　　图：胡婷珠　张晓鹿
封面设计：天之赋设计室 13141300541 尹帅
出版发行：湖南文艺出版社
（长沙市雨花区东二环一段 508 号　邮编：410014）
网　　址：www.hnwy.net
印　　刷：北京世纪雨田印刷有限公司
经　　销：新华书店
开　　本：880mm × 1230mm　1/32
字　　数：150 千字
印　　张：8
版　　次：2012 年 5 月第 1 版
印　　次：2012 年 5 月第 1 次印刷
书　　号：ISBN 978-7-5404-5218-6
定　　价：28.00 元
（若有质量问题，请致电质量监督电话：010-84409925）

前言

我们穷其一生都在寻找丢失了的另一半。

——亚里士多德

于千万人之中遇见你所遇见的人。于千万年之中，时间无涯的荒野里，没有早一步，也没有晚一步，刚巧赶上了，那也没有别的话可说，惟有轻轻的问一声："噢，你也在这里吗？"

——张爱玲

多年前，当本书的作者之一李松还在纽约哥伦比亚大学求学的时候，在林肯艺术中心看过一部叫《爱在黎明破晓时》（Before Sunrise）的电影。故事的开始，一个美国小伙子在一列开往巴黎的火车上邂逅一位美丽的法国姑娘。他们搭上话后不久就聊得十分投机。可是还没说上几句，火车就抵达了小伙子的目的站维也纳站。当这位美国男孩依依不舍地背上行李走到车厢门口就要下车的一刹那，他忽然转身跑回到法国女孩座位前面，鼓足勇气，上气不接下气地说："我知道你现在对我一无了解，我同样对你一无所知，我们甚至还没说上几句话。但我们谈得很开心，我明天一大早就要乘飞机飞回美国了。我现在身无分文，今晚住旅馆的钱都没有，但我求你跟我在这里下车，和我在维也纳这座美丽的城市彻夜漫步。如果你发现我是个混小子，随时都可以跳上下一班火车回到你的巴黎。”“我为什么要跟你下车呢？”法国女孩子笑着问，似乎觉得对方的理由不足。“因为很多年后，你早已结婚，成了一个发福的太太，整天看你的老公不顺眼，动不动就和他大吵大闹。可是这时，你仍然不会遗憾，因为你知道你当年并没有错过在火车上遇到的那个小子——那天晚上你发现，他不过是烂人一个。”

李松从影院出来，漫无目的地走在纽约夜晚的街头，脑子里想到了这样一个问题：一个人跟谁结成配偶，是不是真的就是一个纯粹的巧合？当你和你的情侣或爱人漫步在夜晚的街头的时候，你怎么知道在对面的办公大楼八层上那个正在工作的人就不是你真正的绝配呢？或许，世上很多本来是绝配的男女就在这街头擦肩而过，他们没有像电影中那对年轻人那么幸运地搭上话，以致永远不知道对方在这个世上的存在。

这个怪念头一直在李松的脑海里萦绕了不知多少年，他从来没有想到自己有一天会回到中国创办一个拥有几千万会员的相亲网站，为这个问题寻求答案。他做梦都没有想到有一天，成就天下姻缘竟成了金融学博士出身的他的全职工作。

许多年过去了，对当年那个问题“谁是你的最配的另一半”，他有了部分的答案，写在这本书里和读者分享。但是这个问题也许没有人能够给出完整的答案，就像许多哲学问题那样……

目录

第三章
把男人当动物，把恋爱当买卖

男人和女人为什么那么不一样

男人翻身有机会，女人韶华只几岁

目录

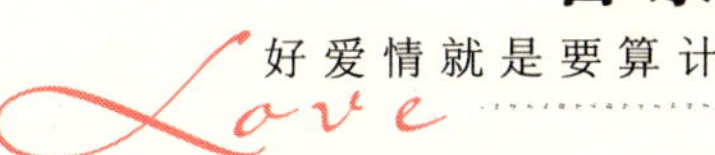

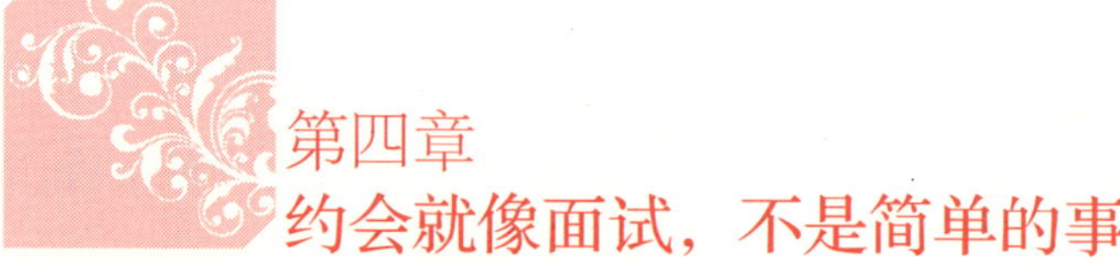

第四章 约会就像面试，不是简单的事

第一章
The first chapter

魔镜魔镜
告诉我，爱情到底是什么

· 用心还是用大脑谈恋爱
· 你爱上的只是亲人的影子
· 用鼻子嗅出来的爱情
· 你想找的 TA 长啥样

Love

爱情是什么？是世间最炽烈最甜蜜的情感，是最不可掌控又让人难以释怀的人际关系，抑或是最短暂而最让人忘形的昙花一现？爱情也许并不如诗歌描绘的那么唯美，却一定曾经如醇酒般醉人。曾经坠入过爱河的你，一定知道恋爱的感觉像是一种戒不掉的瘾。

爱情总是伴随着心跳加速、呼吸困难、血压上升、智力下降的过程，难道爱情真如人们认为的是从心而发？爱情到底是性还是情？爱情可以永恒吗？为什么我会爱上他（她）而不是别人？

这些关于爱情“永恒的”问题，科学家给出了一个让人惊讶的答案：爱情在我们的大脑中产生。而我们爱上谁，原来都是大脑说了才算。

用心还是用大脑谈恋爱

当一个人陷入爱河的时候，他会对自己爱的人说：我全心全意地爱着你。爱，真的是由心脏发出来的吗？对于文学家和诗人来说，答案是肯定的。但是，科学家们的回答是否定的。科学家们认为，爱不是来自一个人的心脏，而是来自一个人的大脑。

一直在研究人类恋爱和大脑关系的美国科学家得出结论，人类恋爱分三个不同的阶段：冲动、热恋和依恋，每一个阶段都由不同的大脑激素在主导着恋爱者的感受和行为。

如果你曾经坠入爱河，你肯定还记得当时的感受：心脏怦怦直跳，呼吸急促，血压上升，脸颊泛红，全身发抖，手心冒汗，四肢无力，口齿不清，辗转难安，食欲不振，有时甚至感到焦虑、恐惧和抑郁。这些都是恋爱时的身体外在的表现特征，而你的大脑分泌出来的特定的激素正在影响你爱的感受。

基于美国和英国神经科学家的大量研究，美国著名人类学家海伦·菲舍尔（Helen Fisher）提出，人类恋爱三个阶段的行为和感知是由大脑分泌出不同的激素主导的。

第一阶段：冲动

冲动阶段的主导激素是“性激素”睾酮。睾酮是激发性欲的主要激素。睾酮不仅仅是男性才会分泌的激素，它在激发女性性欲中也发挥了重要作用。但男性体内的睾酮是女性的 10 ~ 20 倍。这也是为什么男性普遍性欲比女性旺盛的原因。在恋爱的第一阶段，人们主要是被对方的身体特征吸引。你的心脏怦怦直跳，呼吸加快，手心冒汗，脸颊泛红，四肢无力，口齿不清，这些特征都是由于你被遇见的那个人的外形、性感或谈吐深深吸引。

第二阶段：热恋

这个阶段可以说是苦恋阶段，恋爱者脑海中除了心爱人的身影外再也没有别的东西，有时候甚至会吃不香睡不着。

在热恋阶段，人体内高于正常水平的多巴胺和肾上腺素，及低于正常水平的血清素影响着恋爱者的情绪和行为。多巴胺，也称为“快乐激素”，是导致人们产生愉悦感知和驱动力的激素。大脑中产生大量多巴胺，导致人们出现在恋爱中常见的症状：兴奋、失眠、食欲不振。持续高涨的多巴胺会导致恋爱者高度关注他们的心上人，而排除其他所有的人和事。他们持续关注心上人的正面特征的同时，对心上人身上的负面特征视而不见。科学家们已经证明，服用可卡因也可以激发人体分泌多巴胺，可卡因成瘾者和坠入爱河的人有许多相似的征状。热恋中的人，体内肾上腺素水平也比平常人高，这导致他们经常手心出汗和心跳加速。在热恋阶段，除了由于多巴胺和肾上腺素分泌的增加导致心情愉悦外，恋爱者对他们心爱的人深深地着迷。他们一天会花可高达 90% 的时间去幻想他们的心上人，或者给他们打 20 次电话。这种看似疯狂的状态，主要是由于在这个阶段中，他们体内的血清素比较低。一组意大利大学教授们进行的一项研究的数据表明，堕入爱河的学生平均血清素比那些没有恋爱的学生低 40%。血清素较低的人容易出现焦虑、恐惧甚至抑郁的特征。

第三阶段：依恋

依恋阶段出现在热恋阶段之后，人们不可能一直在热恋阶段，否则他们将什么事情都做不了。如果恋爱双方要建立起一个基于双方长期承诺的关系的话，他们需要进入恋爱的第三阶段——依恋阶段。在这个阶段，恋爱双方将建起一种非常紧密的关系，并试图共同生养儿女。催产素，也称为“依偎激素”，在这个阶段起着关键的作用。它是在人类分娩和哺乳时，由下丘脑腺分泌的。催产素有助于母子之间建立紧密关系。在男性和女性接吻的时候，催产素会大量分泌，尤其是当他们即将性高潮的时候，催产素水平达到最高值。催产素会提高夫妻之间的亲密感和依恋程度。女性的催产素天生比男性高约 30%，这就是为什么通常女人在一段感情中比男人更温柔和更投入的原因。大自然创造了催产素，帮助夫妇俩在因为“性激素”睾酮和“快乐激素”多巴胺的增加而引起的恋爱初期亢奋逐渐消失后，仍能维持亲密关系，并共同抚养儿女。如果一段恋爱关系不能从热恋阶段过度到依恋阶段的话，通常都是以结束为终局。

现在，你应该明白了，当你爱得痴狂的时候，正是你大脑的激素在作祟。

英国市场研究公司 Onepoll 进行的一项调查显示，英国男性平均一天有 13 次会想到性，一年共 4745 次，而英国女性一天有 5 次会想到性，一年共 1825 次。

男女性幻想次数的较大差别并不令人惊讶，因为男性体内的睾酮比女性高出 10 ~ 20 倍，而睾酮正是主导性冲动的激素。

你爱上的只是亲人的影子

为什么你会爱上某个人，而不是其他人？如果你看过风靡全国的电视相亲节目《非诚勿扰》或者《爱情连连看》的话，你可能会有这样的疑惑：为什么不同的男嘉宾选择他们的“心动女生”时，会有这么大的区别？为什么有些男嘉宾会为了一个在你看来完全不起眼的女嘉宾，从千里之外赶来参加这些节目？

其实，每个人大脑中都有一张“爱情地图”，这就是为什么我们每个人会喜欢上特定的某种人。美国霍普金斯大学心理学家约翰·威廉·曼尼（John William Money）提出的“爱情地图”理论指出：人们会看中具有符合自己大脑中由一组信息代码拼成的“爱情地图”的人。这些信息代码记录了我们所喜欢的人的特征，包括他们的五官、眼睛的颜色和形状、发型、声音、气味和体型。这个“爱情地图”在我们童年的时代就基本形成。在我们七八岁的时候，我们的理想伴侣的形象就开始出现在我们的大脑中。不过，美国西北大学罗伯特·温奇（Robert Wenchy）教授提出，除了遗传方面的影响外，“爱情地图”的形成也和人们的生活经历有关：我们和来自相似的生活背景、成长环境、教育程度、社会圈子、文化背景、人生追求和价值观的人在一起，会更加自在和舒服。

根据达尔文的进化理论，我们之所以能够来到世上，是因为我们的祖先们成功地把他们的基因遗传给了我们。在寻找配偶的时候，人们会下意识地寻找具有优良基因的人，以确保能够生育出健康的下一代，将自己的基因代代相传。因此，当我们遇到异性时，我们会下意识地评估，我们是否希望自己的孩子也具有对方的基因，伴侣不够优良的基因会导致生育出不健康的下一代，这也会降低我们自己的基因遗传下去的机会。所以，我们在选择伴侣的时候，其实是在选择对方的基因。

你是如何“下意识”地评估对方的基因是否优良的呢？科学家们发现，人们是通过对方的外貌和气味来评判这是否是他们想要的基因的。

你是否注意到，很多夫妻都长得很相似？实际上，如果我们把几对夫妻的照片混在一起，并让人们从中选出谁和谁是夫妻，他们通常都能猜对。

为了研究人脸吸引力的原因，英国圣安德鲁斯大学的心理学家大卫·佩雷特（David Perrett）开发了一个计算机变形系统，此系统可以根据他的研究需要调整人的脸部特征。在他的实验中，他把受试者的脸部照片调整成相反性别的脸的照片，并把这张照片混在很多其他人脸部的照片中，然后要求他们从众多照片中选出最喜欢的一张。受试者们总是从众多的照片中，找出他们自己的被调整成异性的照片，并认为这个“异性”是他们最喜欢的，即使他们根本认不出这实际就是他们自己的照片。因此，佩雷特教授得出结论：我们总是认为自己的脸是最好看的，因为我们的脸总会让我们想起童年时每天见到的父母亲的面孔。

许多研究表明，“爱情地图”引导我们去选择一个长得像我们父母的人。男性容易被一个和他的母亲的形象和个性相似的女性吸引，同样，女性会看中一个让她想起父亲的男人。

本书的作者李松先生，从童年开始就一直喜欢大眼睛、直鼻梁、个性独立的女子，这也是他母亲身上最明显的特征。所以说，莫文蔚不是他的“菜”。

人们往往会寻找和自己互补的人作为另一半。

用鼻子嗅出来的爱情

当我们下意识地评估某人当我们的伴侣是否合适时，外貌并不是唯一的衡量标准。

在《女人不坏》这部影片中，女强人唐露在一个拥挤的车厢里下意识地嗅出了自己的合适伴侣，因为她被身边的那位男士汗液里散发出的一种叫做“费洛蒙”的化学物质吸引。这种神奇的化学物质到底为何物呢？

科学家们最早借助老鼠来仔细研究费洛蒙。老鼠的鼻子里面有一个叫做“犁鼻器”的器官，老鼠用“犁鼻器”来探测即将交配的异性尿液中的费洛蒙。拥有不同的免疫系统的老鼠，尿液中含有的费洛蒙是不同的。当老鼠在寻找配偶时，它们会排除掉和自己的免疫系统相似的对象以降低近亲繁衍的概率，因为近亲繁衍很有可能导致后代出现缺陷和残疾。

美国最近的研究表明，人类也会不知觉地根据他人汗液中的费洛蒙来选择配偶。欧美的科学家们进行了一系列“汗水 T 恤”的实验，这个实验要求受试女性闻带有不同男性汗味的 T 恤。这些实验的结论是：女性受试者喜欢和她们自己不同的免疫系统的男性的气味，同时，她们喜欢与她们父亲气味相似的男性。

这些实验结果表明，一方面，女性会选择与她们不同免疫系统的男性，以避免近亲繁衍；另一方面，她们会选择与父亲免疫系统相似的男性，因为父亲的基因已经成功通过自然界的验证。这就是女性通过男性汗液散发出来的费洛蒙来选择合适的伴侣的原理。

当《非诚勿扰》里面的男嘉宾被问到为什么会喜欢台上某位女嘉宾时，他们通常是这样回答的：我也不清楚，只是觉得她很合“眼缘”，其实他们或许是喜欢她的模样，与他被转化成女性时的样子很相似。当一位刚和某位男嘉宾跳舞后的女嘉宾被问到同样的问题时，她的回答是：我不知道哦，我只是凭“感觉”，或许，答案是当她近距离接触他时，他散发出来的费洛蒙使她的大脑告诉她，这就是合适她的费洛蒙，在她甚至还没有意识到的情况下，大脑就作出了选择。

你想找的 TA 长啥样

大家一定很好奇，谁是普通异性最喜欢的约会对象？他（她）长什么样？根据某相亲网站会员委托红娘联系心仪对象的数据，我们首先得到被委托联系最多的前十名男会员和女会员的个人资料，接着基于这些资料，通过电脑程序分别模拟出最受欢迎的男人和女人的特征。

某相亲网站最受欢迎的男性

最受异性欢迎的男性的个人特征：年龄 32 岁左右，学历硕士，身高 1.76 米，职业为职业经理人，月收入 15000 元。

某相亲网站最受欢迎的女性

最受异性欢迎的女性的个人特征：年龄 26 岁左右，学历本科，身高 1.62 米，长发披肩，职业为中学教师，月收入 4000 元。

大家可以看出，男人和女人的关注点是有区别的，在约会初期，男人注重外貌，女人关注对方的经济状况、教育背景。我猜想有些短发的女士心想从明天开始蓄发吧，月收入 8000 元的男士心想是不是明天得找老板谈一下待遇问题。

Love 好爱情就是要算计

第二章
The second chapter

男人
天生好色，女人生来物质

· 男人果真是『视觉动物』吗
· 女人最爱什么样的男人
· 男人最爱什么样的女人
· 心理测试：你的爱情基因是哪种动物

如前面一章所介绍的，现代科学发现，恋爱中的男女体内所产生的化学反应和对尼古丁或毒品上瘾时的反应是相似的。而爱情的各种习性和个人癖好，会反映在大脑的一组编码里。无论是体内与爱情相关的化学物质，还是大脑的爱情编码，最终都写在基因里，或者说是存在于“集体潜意识”之中，源远流长。爱情，无非就是胎生的人类为保证繁衍顺利而演化出的身心特性。爱，一开始就是为了孕育生命，无论男女之爱还是父母之爱，其本质就是基因争相自我复制的故事。

通俗一点说，爱情就是这么一回事：原始时代，当某一只不擅攀爬的黑猩猩因笨拙而偶然摆出站立姿势后，周遭的母猩猩出人意料地投以爱慕的眼神，于是会站立的黑猩猩神奇地活到现在；当某一对裸猿相爱后由于懒于改变而继续缠绵，相比其他单亲家庭或被遗弃的孩子，他们的爱情结晶更无忧无虑地成长，于是“爱得持久”的裸猿今天还可以跟你合影。

男人果真是“视觉动物”吗

如果你是女人，你理所当然地期望男人会欣赏你的内在美和善良的本性，他们应该如此，事实上很多男人确实如此。但是，你必须面对一个残酷的事实：你必须在第一次约会的时候通过身体的魅力吸引住他，才有让他进一步欣赏你的内秀的机会。不公平，对吗？为什么男性寻找伴侣的时候会如此肤浅呢？是的，他们是很“肤浅”，因为大自然的进化已经把男性塑造成视觉动物。当你和男人第一次约会时，他们会在让你施展你的内秀之前上下打量你。

美国耶鲁大学进行的一项非常经典的心理学实验观察得出结论，美国男性平均只需要 7 秒钟就会决定是否主动和酒吧里的一位陌生女性搭讪；在同样的酒吧里，美国女性则平均需要花 27 分钟来决定是否要主动和一位陌生男性展开交谈。也就是说，男性是高度依赖视觉来选择伴侣的，而且相对于女性，他们作出决定也快得多。

美国科普电视频道“发现”（Discovery）制作过一个有关男女择偶行为的纪录片，片中展示了以下一个心理学实验：十男十女，让他们穿上一模一样的黑制服和黑帽子，男女两队相对而立。在不受服装或发型差异的影响下，以及相互不知道对方的学历、收入和职业的情况下，根据对面十位异性的吸引力，男女互相投票。

根据每个人得到的票数，分别定出1号到10号——1号为最吸引异性者，10号为最不吸引异性者。接下来，这十男十女分别在胸前挂上一个大圆牌，上面印着自己得到的号数。心理学家告诉这些人，他们可以自由选择他们想约会的对象。这个实验在自由竞争的情况下，产生了十对约会组合。结果在所有的十对组合中，男女的吸引力号数都不超过正负一分。比如说，吸引力5号女的男伴为4号男，吸引力7号男的女伴为8号女等。

然后，心理学家把所有人的学历、收入和职业等相貌以外的资料当众公布，让这十男十女重新给异性按对自己的吸引力投票。结果是，男人对十名女人的评分排序毫无改变，但女人对十名男人的评分排序发生了天翻地覆的变化，女人对那些学历高、收入高和拥有高端职业的男人的评分明显上升。这个实验得出以下结论：

结论 1：人们在择偶时，在不了解对方的学历、收入和职业之前，会选择和自己的相貌水平大致相当的人。

结论 2：女人下意识里给富有资源和事业有成的男人加分，并降低对他们的相貌的要求。

结论 3：男人对女人相貌的要求，不会轻易因她们经济、社会条件的优越降低太多。

以上原因造成了人类社会常见的所谓“门当户对”和“郎才女貌”的现象。许多女人在择偶时有一个心结，她们担心一旦明确要求对方有车有房，就容易被社会贴上“爱慕虚荣”的标签。但是，你一旦了解了性别差异导致择偶行为不同的自然进化原因后，你就会明白，给女性贴上“爱慕虚荣”的标签和斥责男性是“外貌协会”出来的肤浅视觉动物一样是不公平的。

在过去三十年里，在美国和英国学术界，一门横跨传统进化生物学和心理学的新学科——进化心理学渐渐形成。它为男女择偶行为的差异提供了很多有价值的解释。在人类的进化过程中，自然选择是永恒的生存压力，因此男人和女人发展出不同的择偶心理机制，这些心理机制深植于人类的大脑里。所有的生物包括人类的根本生存目标，就是最大限度地提高将其自身基因传递给后代的概率。而基因的传递是通过男人和女人性交后，由男人的精子和女人的卵子成功结合而孵育出来的婴儿携带下去的。

男女两性选择配偶时标准不同是有进化原因的。男性平均每秒可生成3000个精子，在性交时可射出1亿到3亿个精子。而女性一生只能排出约400个卵子。所以相对于卵子来说，精子很“廉价”，男性可以随便贡献、随便浪费。此外，男人不是婴儿的载体，他不需要分娩，在繁衍后代方面身体上的投入是有限的，他不需要像女性那样怀胎十月，不需要哺乳数个月以及花好几年的时间照顾婴儿，所以如果选择错伴侣对于男性来说几乎没什么风险。由于男性的精子丰富又“廉价”，所以远古的男人通过尽可能多地和生育能力高的女性交配的策略，来确保他们的基因成功地代代相处下去。

因为男女生物特征的这些差异，远古男人以提高后代生产量的方式提高他的基因传承概率，而远古女人则以提高她有限数量子女的成活率来提高她的基因传承概率。前者的注意力放在选择生育力旺盛的女人为偶，而后者的注意力则放在选择富有资源的男人为偶——远古时代，男人是捕杀动物取得食物的狩猎者，女人是生养后代的筑巢者。

通过千万年的进化，那些选择年轻、健康的女人为偶的男人会留下较多数量的后代，这些男人受到了物竞天择的大自然宠爱。而那些选择富有资源男人为偶的女人，也会有较多的机会把她的后代养育成人，或者说她的基因有较大的概率被传承下去，大自然会倾向于选择这样的女人。

女人最爱什么样的男人

对于女人而言，她们一生只能排出固定的几百个卵子，而且一旦受孕，她们需要怀胎十月和付出好几年的青春来照顾孩子。另外，女人平均一生不能生育超过十二个孩子。那么，她们最佳的选择伴侣的策略是什么呢？女性对生命初始付出如此巨大，所以母爱是有限和宝贵的资源。怀孕、哺育、护理、培养和保护孩子是难能可贵的付出，女性是不可能不加选择地和大量男性交往的。

由于选错伴侣的成本太高，远古的女人通过进化，逐渐发展到倾向于寻找富有的、体力强壮的、爱护妻儿和忠于家庭的男人。女人会选择具有以下特质的男人：

有能力为她和孩子投入足够的资源的男人（绩优股）

在原始社会，部落的男性首领身边总是不缺女人，他们拥有财富和社会地位，这样的男人在女人眼中最有魅力。那么，现代女人大多已经自食其力，很多女性在各种岗位上的成就卓越，不亚于或超过男性。她们在择偶行为上不同于远古时代的女人吗？

美国心理学家大卫·巴斯（David Buss）对 37 个国家共 1 万多人的研究表明，女人对配偶在收入和社会地位上的要求都远远高于男人对配偶的要求，并且研究小组还发现，高收入女性对其配偶的要求普遍比低收入的女性还要高。进化心理学家们对这种现象的解释是：尽管在现代社会里，高收入的女性足以自食其力，但她们的基因仍然“保留”着远古时代她和她的子女忍饥挨饿的“记忆”，遗留了依赖狩猎者——男人分享食物的生物本能。

将来有潜力为她和孩子投入足够资源的男人（潜力股）

虽然说部落首领十分招女人喜爱，但是并非所有女人都能嫁给首领，而且，女人嫁给首领后，免不了要过上与其他女人争风吃醋的日子。所以，有潜力争取资源的男人备受女人的青睐。例如，有上进心、勤奋、聪明、幽默或者拥有现代高学历的男人。

愿意为她和孩子付出他的资源的男人（顾家男）

拥有丰富的物质资源或有获取丰富物质资源潜力的男人并不

一定愿意慷慨地和他的女人和孩子分享。于是远古的女性见招拆招，在挑选丈夫的时候，会考察男人是否愿意为自己长期付出。所以，对女人慷慨大方、有爱心、守承诺、有责任感、稳重可靠的男人特别能感动女人。

适合当父亲的男人

女人需要她的男人和她一起抚养孩子。所以，她下意识中会喜欢成熟、情绪稳定、善良和喜欢孩子的男人。

美国心理学家佩吉·拉切拉（Peggy LaCerra）做过这样一个实验，她把女性受试者分成 A B 两组，分别向她们展示同一个英俊男人的照片，这两张照片的不同之处是：在一张照片中，这个男人在望着一个 18 个月大的小孩，面带微笑；另一张照片中，他只顾着打电话，完全忽视了抱着的正在啼哭的小孩。心理学家要求两组女性对照片中的男人以 −5（很不吸引人）到 +5 分（很吸引人）来评价这个男人作为结婚对象的吸引力程度。结果是，A 组女性给此男人的平均分数为 2.75 分，而 B 组女性的评价分数为 1.25 分。如果你是一个男人，和你的女朋友散步的时候，看到小孩经过时向他们投去关注的眼光，会在你的女友心目中加分。

在危险情况下能够保护她和孩子的男人

在茹毛饮血的年代，人们生活在野兽横行天下的环境里，即便躲在洞穴里，也随时有遭遇袭击的危险。于是，天生体力不足、身体柔弱的女人，会倾向迷上强壮又勇敢的男人，因为他们能保护自己和孩子。所以，个子高大、健硕和勇敢的男人往往是女人追求的对象。这种男人被称为“大帅哥”，像刘翔这样的运动健儿，更是万千少女的幻想对象。

比自己年长的男人

全世界的夫妻中，丈夫比妻子平均大三岁，而且事业成就越高的男人和妻子的年龄差别越大，这是因为获取丰富的物质资源和崇高的社会地位通常需要时间积累。另外，女人心智普遍比同龄的男人早熟。女人通过选择比自己年长的男人，得到物质资源的保证和与之心智成熟度相配的伴侣的照应。

与她的性格匹配、价值观和兴趣相似的男人

在选择丈夫时需要考虑长期相处的稳定性，找一个价值观相似、性格匹配、有共同爱好的男人，自然是减少日后摩擦的办法。这样的男人比较可能和她和孩子长相厮守。

很显然，尽管女人对男人的外貌要求不高，但是她们对男人

其他方面条件的要求可不低。

所以，在女人的眼中，一个相貌普通但事业成功的男人会显得很“帅”，这绝对不是虚荣心在作祟，而是人类生存的本能反映。

经过千万年的自然进化，男人下意识地知道女人与生俱来期望他们拥有丰富的资源，于是他们逼着自己混出个人样儿来：起早贪黑、拼杀职场、刀光剑影、血雨腥风、不成功便成仁、成也吹牛不成也吹牛。要不是被女人逼出来的，大老爷们早就手抓啤酒瓶，赖在沙发上，没日没夜地抱住电视遥控器看那打打杀杀的球赛，想挖鼻就挖鼻，想放屁就放屁，人生岂不快哉？

在恋爱这场游戏里，男人追求，女人挑选。所以如果你是男人，赶快从沙发上滚起，埋头苦干去吧！

十大最受女性欢迎的男性职业排行：公务员排名居首

从事哪些职业的男性对女性最有吸引力？依据某相亲网站的一份统计报告，女性会员择偶时，最喜欢的男性的职业排名如下：

1. 政府机关公务员

2. 企业主

3. 金融从业人员

4. 大学教师

5. 互联网 / 计算机行业从业人员
6. 自由职业者
7. 军人
8. 建筑工程师
9. 职业经理人
10. 医生

从这一排行榜中可以看出，女人对男人职业的要求有两个主要的着眼点：稳定性高（如政府机关公务员、大学教师、建筑工程师、医生）和收入高（如企业主、金融从业人员、互联网 / 计算机产业从业人员、职业经理人）。有点出乎意料的是“自由职业者”，这可能是因为受访者对“自由职业者”的理解，是有足够经济能力可以做自己喜欢的事情的人。

至于军人职业的高排名，可能与2008年大地震有关。2008年，女会员选择约会军人的数量比往年有大幅度增加。可能是因为在这次大灾中，军人的杰出表现赢得了人们的尊敬和好感所致。

男人最爱什么样的女人

男人理想中的女人是什么样的呢？

男人下意识地会喜欢生育能力旺盛、忠贞并且与自己性格相匹配的女人。而年轻、长而有光泽的头发、带有童真的大眼睛、高挺的鼻梁、丰满的嘴唇、丰挺的乳房、白皙光滑的皮肤、沙漏型的身材和光洁的长腿等都是女人生育力旺盛的特征。保持处女之身或至少情史简单、举止斯文拘束、不容易与男人亲近等，则是女人忠贞的线索。而个性匹配能够提高家庭的长期稳定性。

生育力旺盛的女人

在成千上万年的进化过程中，男性进化成了“视觉动物”，他们下意识地通过对女性外貌特征的识别来评估她的生育能力。生育能力旺盛的特征包括：

年轻：女人在25岁左右生育力达到顶峰，从那以后开始减弱。男人年龄越大，越希望配偶比自己的年龄小得多一点。美国心理学家肯里克和基夫（Kendrick and Keefe）的研究发现，30多岁的单身男人希望找到小自己5岁的伴侣，40多岁的单身男人希望找到小自己8岁到10岁的伴侣，50多岁的单身男人希望找到小自己12岁到20岁的伴侣。原因是为了尽量向女人具最佳生育力的年龄靠近。

一头光泽的长发：长发暗示健康，男人大多喜欢长发飘逸的女人。

漂亮的脸蛋：所谓“漂亮”的脸蛋通常是指对称的脸型、大而稚气的眼睛、高挺的鼻梁和丰满的嘴唇，这些特征暗示优良的基因。科学家发现，越对称的脸型，人们越觉得“漂亮”。演员范冰冰的脸蛋两边极为对称，因此人们大脑对她的感知就是觉得她“漂亮”得美若天仙。男人喜欢“漂亮”的女人脸蛋，是因为对称的脸型暗示它的拥有者基因优良，不对称的脸（即不“漂亮”）暗示它的拥有者的基因可能有缺陷。

丰挺的乳房：女人几乎都知道胸围和吸引男人有一个正比关系，却无法理解男人对乳房的痴迷程度。在好莱坞电影《诺丁山》（Notting Hill）中，茱莉亚·罗伯茨（Julia Roberts）对电影中的男友说：“说到男人对女人的裸体的关注，尤其是对乳房的关注，你们到底为什么对女人的乳房这么感兴趣？说真的，它们只是乳房而已，世界上每隔一个人就拥有一对，它们模样长得怪怪的，还会挡住人的视线，它们是用来哺乳的，你的母亲也有，它们到处都是，有什么大惊小怪的？”

女人们可能会猜想，男人只是怀念孩提时躺在母亲怀里吸吮乳汁的场景，于是对丰满的乳房特别有好感。但事实上，科学家发现乳房的大小与奶水的多少没有必然联系。那男人到底为什么对女人的乳房如此痴迷呢？原来，男人痴迷的其实是女性的臀部，乳房只不过是对半球形的完美臀部的模仿。猿在进化为人之前，与其他动物一样是四肢着地行走的，雌性的臀部得到充分的张显和暴露，成为吸引雄性的第一强烈的性信号。当时，雌性的乳房与其他灵长目动物一样，是很小的。后来，猿进化为人开始直立行走的时候，雌性臀部退居到隐蔽的位置，上身开始频繁地活跃于男人的视线之中。为了克服直立行走带来的性特征表现方面的缺陷，大自然的进化选择则让女性胸前本来很小的乳房逐渐膨大起来，以此对古老的臀部进行巧妙的模仿，创造出女性的第二性征，作为激起男人性欲的新视觉信号。

据凤凰网对 4 万名中国男性的调查，48.1% 的男人爱看女人的胸部；19.2% 的男人爱看女人的腰臀；17.3% 的男人爱看女人的大腿；5.8% 的男人爱看女人的小腿；3.8% 的男人爱看女人的脸；3.8% 的男人爱看女人的脚。

进化心理学家曾经做过一个实验，给男性呈现一系列混有女人臀部和胸部照片，要求他们判断每张照片是臀部还是胸部。结果，他们判断的正确率平均是 49.1%，即他们对两者的分辨力几乎是零。

沙漏型的身材：女孩在发育期开始后，在雌性激素的作用下，身体的下半部开始储存脂肪。美国心理学家德文德拉·辛格（Devendra Singh）研究发现，健康的年轻女性的腰臀比例在

0.67 ~ 0.8 之间，0.7 是最完美的比例——医学研究表明，腰臀比例为 0.7 在医学上是最适合生育的比例，很多好莱坞电影女明星的腰臀比例就是 0.7。

光洁的长腿：暗示着生育能力强。长腿配上黑色半透明的长筒丝袜加高跟鞋的打扮，对男人而言简直就是一个“杀手级应用”。电视相亲节目《非诚勿扰》有一期，一位男嘉宾说他喜欢穿丝袜的女生，台上一位女嘉宾不解地问：“为什么要穿丝袜呢？光腿白生生，不是更好看吗？”那男嘉宾腼腆地回答说：“我知道很多男生都这么想，我只是说出来而已。”穿黑色半透明丝袜的长腿让女人变得神秘而性感，所以有时候不是穿得越少越好的。

白皙光滑的皮肤：暗示着身体健康和没有携带寄生虫。

在一夫一妻制盛行的现代社会，男性早已放弃尽可能多地和生育能力强的女性交配的做法，但是他们还是继承着祖先遗留下来的根据生育能力来选择配偶的心理机制。在和一个女人第一次约会的时候，在开始短短的几分钟内，男人就会确定这个女人对他是否有吸引力。只有当他发现面前的这个女人对他是有吸引力的情况下，他才会有兴趣去和这位女性进行认真的交流并继续发现她外表以外的特质，比如说性格、性情、价值观和兴趣。美国得克萨斯奥斯汀大学著名的进化心理学家大卫·

巴斯（David Buss）教授在37个国家进行的一项研究表明，相对于女性，来自37个不同文化背景的男性在选择伴侣时，都认为对方的身体吸引力远比其他特质重要和令人向往。男性认为身体的吸引力是至关重要的，而女性认为这只是令人向往的，但不是最重要的。

忠贞的女人

远古的男人考虑到自己不同于女人那样可以百分百确定孩子是亲生的，他会挑选忠贞的女人作为伴侣，让这个女人守在家中，保证自己是孩子的父亲，同时投入主要的资源来培养自己的后代。保持处女之身或至少情史简单、举止斯文拘束、不容易与男人亲近等，都是女人忠贞的线索。

不知你有没有注意到，女人生育后经常会当着亲朋好友的面说：看，这孩子跟他爸长得一模一样，我生他生得那么辛苦，但一点也不像我。大多数女人声称她的孩子长得像丈夫，因为她们下意识里知道她们的丈夫无法像她们那样确定孩子是他们的亲子。通过强调孩子和父亲相貌的相似性，女人的言下之意是：他爸，这孩子是你的亲骨肉，所以把你的资源投在他身上吧，你不会花冤枉钱的。大量心理学实验证明，不但女人会坚持她的孩子长得像她的丈夫，女方的父母也会强调他们的外孙或外孙女长得像父亲，而当孩子实际的相貌不太像父亲的时候，通常男方的父母对这样的声称是心存疑虑的，因为男方的父母不像女方的父母一样，能够确定孩子是否与他们有血缘关系。所以，你到有小孩的家庭里做客的时候，千万不要对男主人说：哎呀，这孩子跟你长得一点也不像，像他的妈妈。如果你这么说，会把夫妻两人都得罪了，你一走，他们俩人就免不了大吵大闹一番，尤其是做丈夫的，突然会因无关重要的小事莫名其妙地发脾气。

选妻子的时候，男人比较谨慎。而选择情人的时候，男人的标准却大不相同。性感迷人又不缠人的风骚女人，是男人谈情说爱的最佳人选，因为那样的女人不会主动要求承诺。男人找情人从来不打算要为谁负责，只管快乐。一旦发现会被缠上的危险，男人会立刻逃得无影无踪。

这就是男人肤浅的一面。是的，我们知道你讨厌这点，但是除非你想一辈子不和这些“肤浅的视觉动物”有任何瓜葛，那么在你和他初次见面时，你就得通过他的目测，你才有机会向他展示——

你和他匹配的个性；

你的智慧；

你的幽默感；

你的贤惠和持家有道（比如精于烹饪）。

其实，女人本能地知道她们的外貌是吸引男性的重要的特质，这就是为什么几乎专为女人而设的化妆品行业全球市场总值高达1000亿美元。女人们涂抹化妆品，接受整容手术，强忍减肥药物带来的饥饿，饱受高跟鞋扭曲脚骨的摧残，这一切只是为了试图达到女性杂志塑造的高不可攀的美的标准。

最受男人欢迎的十大女性职业排行：中学教师夺魁

根据某相亲网站的统计数据，最受男性欢迎的十大女性职业排名如下：

1. 中学教师
2. 自由职业者
3. 互联网/计算机行业从业人员
4. 企业主
5. 金融行业人员
6. 护士
7. 销售/广告/市场人员
8. 医生
9. 政府机关公务员
10. 空姐

中学教师受欢迎不足为奇，为将来对子女的教育提供了近水楼台。教师一直是贤妻良母的典范。相比起中学教师，虽然空姐多有貌美者，但男人可能顾忌其职业需要她整天飞来飞去，很难照顾到家庭，所以并不像许多人想象的那样，男人最想找的并不是空姐，至少他想找来做妻子的不是。

心理测试：你的爱情基因是哪种动物

为什么茫茫人海中我们偏偏爱上某人？心理学家可能会告诉你很多原因，童年的经历、与父母的关系、你的性格等。但是真正起决定作用的是什么？美国研究恋爱科学多年的权威人士海伦·菲舍尔（Helen Fisher）认为：基因决定我爱你。

打个比方，我们走进一间屋子，里面的人都有一样的背景，有着相似的教育程度和相貌，我们不会爱上他们当中任何人，因为我们跟他们没有产生化学反应。科学家通过研究，发现基因构成使我们自然而然地倾慕某类人，即我们的基因构成使得我们跟某类基因构成会发生化学反应。

具体来说，根据人的多巴胺、血清素、睾酮、雌激素活跃程度的高低，可以分为四种基本的人格类型，这四种人格类型分别为“猴子”（多巴胺活跃度高）、“蜜蜂”（由血清素主导）、“狮子”

（睾酮水平高）、“海豚”（雌性激素多）。

你是哪种动物？可以用海伦·菲舍尔博士设计的性格测试题来测试下你属于哪种性格，相信可以让你的觅偶之路少点曲折。

测试你是哪种性格

每个问题都有四个选项：完全不同意、不同意、同意、完全同意。

选项对应得分：完全不同意 =0；不同意 =1；同意 =2；完全同意 =3。

分组	题　目	完全不同意	不同意	同意	完全同意
		0	1	2	3
第一部分	我对出乎意料的事反而更兴奋。				
	我做事好冲动。				
	我兴趣广泛。				
	我比大多数人乐观。				
	我比大多数人更有创意。				
	我爱做新鲜事。				
	我比大多数人更有创意。				
	我愿意为了自己想做的事而冒险。				
	我朋友说我很好奇。				
	我比大多数人更活跃。				
	第一部分合计得分				

分组	题目	完全不同意	不同意	同意	完全同意
第二部分	我认为按部就班会让生活有序和轻松。				
	人的行为应该符合既定的行为准则。				
	我做事喜欢预先计划好。				
	我认为遵守规则很重要。				
	我很重视保管好自己的财物。				
	我朋友和家人说我有传统的道德价值观。				
	我小心谨慎，但不畏首畏尾。				
	人们应该按照正确的道德观行事。				
	我们应该尊重权威。				
	我更看重朋友的忠实而不是有趣。				
	第二部分合计得分				
第三部分	我能轻松弄懂复杂的机器。				
	我喜欢辩论。				
	我比大多数人更有分析能力和逻辑性。				
	我能够理性地解决问题。				
	我意志坚强。				
	辩论是我与别人斗智的一种方式。				
	我总能作出自信的选择，即便有几种很不错的选择摆在面前。				
	买新机器时，我会去了解所有的技术特点。				
	我认为直截了当很重要。				
	当作出决定时，我喜欢看事实，不受情绪影响。				
	第三部分合计得分				

分组	题　目	完全不同意	不同意	同意	完全同意
第四部分	我爱了解朋友内心深处的需要和感受。				
	我在作重要决定时一般听从我的内心。				
	我会经常改变主意。				
	看完一部感人的电影几小时仍感动着。				
	我可以想象一些奇异、可怕的事情逼真地发生在自己身上。				
	我对别人的感受和需要非常敏感。				
	我平时经常陷入沉思。				
	我比大多数人感情深沉。				
	当我从如临其境的梦中醒来后，要过好一会儿才能回到现实中。				
	我善解人意。				
	第四部分合计得分				

计算得分：

第一部分测试你是猴子的程度 总得分 ___

第二部分测试你是蜜蜂的程度 总得分 ___

第三部分测试你是狮子的程度 总得分 ___

第四部分测试你是海豚的程度 总得分 ___

根据菲舍尔的理论，每个人都有一个主性格和一个副性格。分数最高的是你的主性格类型，分数第二高的是你的副性格类型。

四种动物型的性格特点

猴子：猴子型体内多巴胺水平高于同性的水平。猴子是动物界最高等的类群，大脑发达，四肢灵活。猴子活泼好动，喜欢打闹，安静不下来。猴子胆子还特别大，好奇心又很强，会和游人抢吃的，顽皮得很。猴子性格的人活泼好动，聪明灵活，好奇心强。喜欢尝试新鲜事物，探寻新奇刺激，一般背着行囊长期在外远行探险的人就属于猴子型的性格。猴子性格的人通常具有丰富的创造力，做创意、策划、推广等方面的工作都可以很出色。猴子型的人享受过程，结果如何对他们并不是最重要的。旅行摄影家具有典型的猴子型性格。

蜜蜂：蜜蜂型性格的人体内血清素低于同性的水平。小蜜蜂是“勤劳的楷模”，享受在范围不大的空间内过群体的生活，日复一日，模式单调但非常有规律。每一只蜜蜂都有明确的分工，纪律严明，勤勤恳恳，让人惊叹不已的精密蜂房就是它们同心协力建造出的作品。蜜蜂性格的人，忠诚温顺，观念传统，信任权威，喜欢有规律的生活，不爱冒风险。他们具有良好的计划性和执行力，工作有条不紊，细致认真，适合各种事务性的或者专业技术类的岗位。蜜蜂型的人最不喜欢被人打乱原来制定好的计划。工程师多具有蜜蜂型的性格。

狮子：狮子型的人体内的睾酮水平高于同性的平均水平。狮子是猫科家族中块头最大的动物，不论身在何处，地位都很崇高。狮子性格的人通常高度目标和结果导向。个性强悍，精力充沛，具有雄心壮志，理性并富有逻辑性，决策果断。通常作为领袖带领并保护周围一群为其卖力工作的下属，是很成功的总裁或将军。狮子型的人倾向于对事不对人，以解决问题作为终极目标。优秀的职业经理人大多的主性格为狮子型。通用电器的前任 CEO 杰克·韦尔奇就是典型的狮子型人。而创业家通常拥有猴子型的主性格和狮子型的副性格，因为他们既富有好奇和冒险的天性又十分结果导向。乔布斯就是典型的结合了猴子主性格和狮子副性格的创业家。

海豚：海豚型的人体内雌性激素的水平高于同性的平均水平。海豚是高度社会化的动物，富有同情心，懂得对受伤同伴伸出援手，将之抬至水面呼吸。曾经有许多受伤的泳者因得到这些群居动物的帮助而得以脱险。海豚性格的人感性、热情，富有同情心，渴望同伴，总是呼朋引伴，喜欢举办精心筹划的派对或联谊活动。海豚型人独具社交天赋，善解人意，擅长沟通协调，一般可以成为优秀的公关人员或领袖们最忠实的支持者。海豚型的人倾向于对人不对事，遇事他们更关心自己在整个过程中心理感受。海豚型的人作为企业员工是不好管理的一类，因为当他们有负面情绪的时候，基于物质奖励的绩效考核对他们也很难奏效。

性格类型配对合拍度

配对度	猴子	蜜蜂	狮子	海豚
猴子	80	50	65	70
蜜蜂		85	80	70
狮子			20	95
海豚				80

一般而言，猴子配猴子最适合，他们都热爱探险，喜欢自由，不少生物学家夫妻长期在非洲大草原或者人员稀少的北极共同研究一种动物，十几年如一日，就是一个典型的例子。猴子和猴子虽然很容易激发爱情，但他们离异的风险比较高，因为他们都是把人生当成探险的人，容易因各自兴趣的改变而分道扬镳。蜜蜂与蜜蜂是一对佳配，他们不爱冒风险，喜欢过有规律的生活，两人在一起能够建立一个很稳固的小家庭。但是两个蜜蜂的组合往往缺少激情和浪漫，性生活很快就进入例行公事状态。但这种配对的离婚率也是最低的。狮子与狮子的配对有比较大的挑战，因为双方都个性强势且高度目标导向，他们往往在早期的时候很快会互相吸引，热情似火，但一旦生活在一起后，凡事互不相让，终日争吵。要维持和增强这种结合，需要双方做出很大的努力和让步，才有可能长久。狮子和海豚结合往往是灵与肉、物质和精神的完美结合，家庭生活会非常美满。一个理性，一个感性，最宜和谐相处。

不同动物结婚后的经典镜头

猴子 + 猴子

朋友打电话问男猴子在哪里，男猴子说："我在非洲。"朋友接着问："你老婆跟你一起喂蚊子啊？"男猴子说："我老婆跟人去西藏蹦极了。"——他们到处去旅行，家里有三分之一的时间是无人的。

狗窝系数 80。两只猴子一致赞同凌乱美。

猴子 + 蜜蜂

蜜蜂在家快把饭做好了，猴子来电跟蜜蜂说想出去吃，街口开了家印度餐厅。蜜蜂一脸无奈。

狗窝系数 50。通常是猴子丢了一地臭袜子，找东西翻得乱七八糟，让蜜蜂跟在屁股后一边唠叨一边收拾。

猴子 + 狮子

狮子成了家里的大喇叭，但是通常没等狮子吼完，猴子连人影都不见了。

狗窝系数 65。狮子其实很顾家，不过有点不拘小节，或者工作一忙就没心思收拾。

猴子 + 海豚

海豚回家找猴子说一天的流水账，猴子听了没几分钟，眼睛一亮，兴高采烈地跟海豚说："我刚学会打保龄球，你要不要一

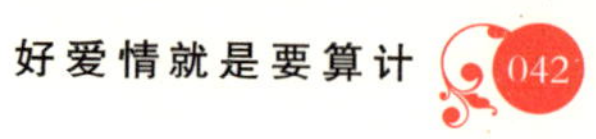

起去玩下？”

狗窝系数 70。海豚心情好的时候，家里干净得很，海豚心情不佳的时候，就没心思收拾。

蜜蜂 + 蜜蜂

两只蜜蜂嗡嗡，每天的日子都很充实，早出采花粉，晚上回来搭蜂窝。

狗窝系数 0。两只蜜蜂最大的乐事是切磋做家务的技巧。

蜜蜂 + 狮子

狮子加班到很晚，回到家，蜜蜂就把饭菜热好整整齐齐地摆一桌，狮子饿了一天现在狼吞虎咽，蜜蜂一边捧着几本杂志，一边嘱咐狮子慢点吃。

狗窝系数 0。狮子也喜欢整洁，蜜蜂收拾好了，狮子啥都不用操心。偶尔狮子也会主动帮蜜蜂一下，不忍心看着蜜蜂不停地忙。

蜜蜂 + 海豚

海豚有烦恼，向蜜蜂倾诉，蜜蜂很耐心地听。海豚其实说完就啥事都没了，但是蜜蜂听完之后，还很认真地坚持要拿个小黑板给海豚分析，所有不同处理会带来什么结果，然后建议让海豚怎样做。

狗窝系数 20。虽然蜜蜂和海豚都会做家务，但是海豚闹情绪的时候，会很任性，蜜蜂摆好的东西，海豚又故意弄乱。

狮子 + 狮子

两只狮子在家，跟在公司没两样。男狮子打电话给在公司加班的下属交代工作，女狮子捧着手提电脑忙着处理几十封邮件。

狗窝系数 20。两只狮子知道自己忙，早就商量好请钟点工定期清理。

狮子 + 海豚

狮子跟海豚说他最新的想法，说哪里哪里有巨大的商机，海豚一边瞳孔放大听着狮子的雄伟计划，一边送上一杯咖啡说："嗯，这事太了不起了，一定很成功的。"

狗窝系数 0。海豚跟狮子一起总是特别有寄托，为了支持狮子完成大业，海豚把家里打理得干净又温馨。

海豚 + 海豚

两只海豚在家看电影，看到激动的地方，男海豚义愤填膺地骂："怎么可以这样欺负人呢，太过分了！"女海豚在一边附和："他们这些坏蛋，一定会有报应的。"

狗窝系数 30。他们家的干净度随着两只海豚的心情变化。你见到他们家乱七八糟的时候，最好尽快告辞，因为他们可能正在情绪的低谷。

Love 好爱情就是要算计

第三章

The third chapter

把男人

当动物，把恋爱当买卖

· 男人和女人为什么那么不一样

· 男人翻身有机会，女人韶华只几岁

· 要想约会不浪费，动动心思才有戏

· 恋爱时，男女之间那些纠结事

一对男女从陌生到相知，对彼此的感觉和行为会发生一系列有趣而奇妙的变化。最初相识的时候，如果两人对彼此都有好感，那么就会希望有进一步的了解。然后，他们会开始单独约会，以增进了解，“试试看”会不会有触电的感觉。当两人的感情逐渐升温直至浓烈时，会排斥其他异性的入侵，确定恋爱关系，正式开始恋爱。热恋时，两人的亲昵行为更加频繁，双方也逐渐暴露出更多的隐私。经过长时间的相处，男女双方都已经对彼此十分了解，如果此时能够继续欣赏对方的优点，包容对方的缺点，就会认定对方，相守一生。

男人和女人为什么那么不一样

爱情的五个阶段

男女从相识到结合，一般都经过哪些阶段?

结合爱情心理学的大量研究成果，我们发现，顺利发展的男女关系一般要顺序经历五个阶段。

相识: 男女最初认识的瞬间，要是互相吸引，萌生好感，那么就会希望进一步了解。

相交: 互有好感，或者一方对另一方怀有爱慕之意的时候，男女通常会单独约会，以增进了解，“试试看”会不会有触电的感觉。

相恋: 男女之间产生热烈的爱情时，会排斥其他异性的入侵，这时男女确定恋爱关系，正式恋爱。

相亲: 男女热恋之后，在生活上形影不离，男女双方都逐渐暴露更多的隐私，身体的亲昵行为更加频繁，有的还会开始同居。

相守：男女经过了长时间的相处，彼此已十分了解，双方的生活圈已经有相当的交叠。当双方产生“认定”的感觉时，许下相守一生的承诺，即订婚。

在这五个不同的阶段，男女表现的约会行为有时会出现不少共通性，让人非常惊讶：这不就是我吗？原来恋爱中的人都一样！

每一对将走向婚姻殿堂的恋人都要经历这样曲折的五个阶段。另外，人在不同年龄阶段爱情的味道也不同。

常常听到周围的人怀念“年少的时候那才叫真正的爱情，不含杂质，不怕付出，甘愿牺牲”，感叹“年龄大了就谈不起恋爱，遗憾自己没有抓住美好青春来无怨无悔地爱一场”，无奈“人大了爱情也跟着变味，结合纯粹只是一次互相选择，有太多条件，现实又残酷”云云。

耳边充斥着这些过来人的“经验之谈”，刚打算着手认真寻找另一半的你，是不是顿感彷徨，不敢再奢望“公主和王子最后幸福快乐地生活在一起”，而只剩下一个念头：只想找个条件合适的凑合过日子？

而不巧年轻时还没谈过恋爱的你，现在是不是懊悔不已，大好青春错过了就是错过了，此生再也没有机会品尝令凡尘无法不眷恋的“纯粹的爱情”？于是发誓一定让下一代趁年轻在大学里好好谈恋爱？

所谓真正的爱情，果真如琼瑶笔下的境况，或者像肥皂剧和童话里幻想的那样美轮美奂？

其实，还有选择机会的你，根本没有必要理会那些老套的经验，一路走来你该庆幸才对，尤其如果你是女孩子，你就更加应该为自己庆祝一番。因为你将可以谈一场有大脑参与的恋爱，理性和感性相互拥抱的爱情，比那些零智商的“风子”和“沙子”来得更美妙。

年轻时的激情，或者说那种心甘情愿、奋不顾身、无怨无悔、天崩地裂、胡言乱语、神志不清的爱情，也许只是造物主赠与人类这个聪明物种的一份礼物，它的目的纯粹得很，纯粹得让你知道真相后才会明白“成熟的爱情最美丽”。

小女生喜欢浪子，熟女爱味道男

26岁的阿娟来信诉说她的不幸遭遇：

阿昆是朋友的小学同学，远远看上去很帅气的小伙子，笑眯眯的眼睛里带点儿邪气。那一刻，我被他吸引了。

后来了解到阿昆家比我家还穷，但他很特别，很有理想。平时爱玩摇滚，喜欢舞台，喜欢现代艺术，还会写诗。那时，

22岁的我一心盼望爱情，仿佛认定他就是自己的宿命，我愿意为爱情不顾一切。我跟他去了一个陌生的城市，开始过两个人的小日子。可是，他成天想当英雄，总在一群兄弟里混，经常带伤回家，有时我都不知道他在外面干什么活儿。我问他，他让我别管，看到他身上的伤，我不忍再唠叨，只顾给他消毒。

后来，我怀孕了。阿昆继续那样混着，丝毫没有改变。我一直相信爱情可以让“浪子回头”，盼他回心转意，等来的却是他入狱的消息……

“真是不公平啊！”木讷老实的男人看完这种荒唐事以后，内心肯定愤愤不平，拍案大呼：“那小混混居然这么有艳福！为什么就没有女孩子向我投怀送抱呢！”

大家通常会告诉老实男人，那是因为女孩子就是爱听甜言蜜语，在这个浮躁的社会背景下，好男人多年辛苦努力换来的成果多半还不如一个坏男人用几秒钟时间编出来的故事更能让女人心动。于是，这些木讷男人某天猛然大彻大悟：难怪女孩拒绝我的理由都是我人太好，因为“男人不坏，女人不爱”！

对你此时此刻的心情，我深表理解。如果你是个木讷老实的小伙子，你现在内心极端不平衡，多半在盘算着如何去跟“把妹达人”拜师学艺，“不用有房有车又有钱，不用长得帅气又高大，就可以轻易把到漂亮妹妹”，并且，“丑男可以变型男，笨蛋可以变达人”。

但是，可以毫不客气地告诉你，即便你真去学了，你把到的也不是幸福，而是年少无知或者“大脑未发育完全”的笨女孩。而且有一点十分有趣，这些会把你看成梦中情人的笨女孩年龄集中在19岁到25岁之间。

那为什么遇上坏男人的这些“笨女孩”多集中在19岁到25岁之间?

据不完全统计，从某相亲网站的信箱收集来的案例中，女性诉说受骗失身或者遇人不淑的事，82%是发生在19～25岁之间；而27岁以后的女性遭遇不幸的案例却少之又少。

有的人说，那当然，二十出头的女人正值青春年华，坏男人也嘴刁，当然挑嫩的。但事实上，坏男人巴不得自己也能把到一位聪明、独立、善解人意，浑身上下都散发着性感魅力的成熟女人，那该多美啊，简直就是倍增自己向同性炫耀的资本。只是，他们不一定有那个能耐。“把妹大法”里有一条潜规则，就是采取行动之前首要任务是锁定目标。把妹达人的最早训练场多在酒吧之类的地方，他们锁定的目标与其说是为挑选适合自己功力的目标来尝试新技能，还不如说是因为潜意识里害怕被拒绝，而不自觉锁定看上去就像出来打猎的女人或者脑子还不够精的小女孩。这些“达人”和坏男人知道，那些大女人不好惹。

比较成熟的女人，貌似对坏男人的所谓魅力已经绝缘。二十七八岁的女孩子一旦谈恋爱了，父母通常都比较放心。因为她们的恋爱对象大多是比较靠谱的、适合做丈夫的男人，昏了头撞到浪子身上的情况极少。

这到底是为什么呢？难道19岁到25岁之间的女孩子智商特别低下？难道25岁到27岁之后女人的大脑才开始迅速发育完全？

当然不是。

其实，“笨女孩”现象源于造物主巧妙的设计。一个物种如果要在竞争中生存下来，在繁衍后代这一件事上，必定要有自己优势的解决模式。不同于某些动物，人类首先是胎生的，而且多数情况下一胎只生一个，再加上拥有生育稀有资源的女性会普遍采取保守、矜持的态度，这种“不配合”很可能会让人类的繁衍速度更加缓慢。但是，我们似乎从来不必太担心这个问题，尽管女人不会像男人那样容易激动，但女人却在关键的时候容易糊涂和犯傻。

一般情况下，女性在18岁时生理达到成熟水平，到25岁则完全成熟。据医学家研究，女性在25岁时，半年内妊娠率达60%，30岁后则降至30%以下。而不孕率在29岁前为10%以上，30岁后则升为15%以上。在这个曼妙的年龄阶段，造物主让女孩子特别感性甚至糊里糊涂，使得她们愿意跟男人结合的门槛大大降低，以免浪费了大好的生育资源。这就是为什么不少女孩子在这个年龄阶段特别容易“无怨无悔、不求回报、不问结果”地爱上坏男人的原因。

爱上“姐姐”是男人的错吗

一名25岁中学女教师的烦恼：

最近，一个比我小六七岁的男生，竟然给我写了一封万言情书。这个小男生是班长，组织能力强，小小年纪就蛮有男子气概。其实，他还真挺可爱的。而且他身材高大，又有点明星范儿。这么小的男生，怎么会喜欢上自己？我怎样拒绝他才合适呢？头痛啊……

男大学生与女教师偷食禁果：

我刚上大学时，就爱上大自己6岁的女教师。

那时军训刚刚结束，上了第一个星期的课，寝室的几个哥们儿总是不停地议论各科老师。她教我们大学语文，人长得小巧玲珑，戴一副无框眼镜，看上去像个高年级的学生。站在讲台上，她的一举一动都那么自信而迷人。

后来，我假装要请教一些问题，和哥们儿一起去了她的宿舍。她对我们非常热情，一点架子都没有。凭直觉，我知道老师对我有好感。后来我试着约她吃饭、上网、逛街，她都很快答应了。一个月后，我们牵了对方的手……虽然，老师早告诉我她已经有个异地的男朋友，但那段短暂的日子真的很快乐。

某相亲网站的一项调查数据显示，大约45%的人在中学时期暗恋过年轻女教师，超过四成的男性大学时暗恋过女老师，谈过恋爱的男性中大约11%的对象是大自己两三岁的学姐。

一年后我们分手了，就在她告诉我她怀孕的那天……

21岁男生来信咨询要不要追师姐：

一直对恋爱无动于衷的我，最近发现自己爱上了小师姐。也不知道是怎么回事，只觉得对那个师姐有种说不清楚的感觉，每次看见她，都会不由自主地放慢脚步，静静看着她远去的背影。平日要是有机会帮她打杂，就别提有多激动了，总是想待在她身旁。怎么办？我要不要对师姐表白？

“姐弟恋”这种事似乎已经见怪不怪了，大家可以想出许多理由来解释，例如，习惯被人照顾的小男生才喜欢黏姐姐，喜欢姐姐的男人有恋母情结等。但让人怎么也想不明白的是，男人不是都爱找比自己年轻的女人吗，怎么会爱上姐姐呢？而且年纪小的男生会似乎特别容易爱上姐姐类型的女性。最近网络上就流行这么一句话：男孩喜欢姐姐类型？证明人家还年轻！用来调侃那些恋上姐姐的小弟弟。

为什么这些小男生会如此钟情大自己半轮的姐姐呢？以下一段关于男女谁更专一的网络笑话或许能告诉你。

问题：男人和女人，谁更专一？

0~5 岁时， 女人：最爱妈妈；

男人：最爱妈妈。

6~10 岁时， 女人：不是讨厌的男孩就行；

男人：能和我一起欺负其他人的男孩。

10~15 岁时，女人：16、17、18、19 岁的大男孩，只要不是本班的那一伙就行；

男人：篮球、足球、乒乓球、网球……

16~25 岁时，女人：26 岁至 29 岁的有事业基础、有品位、有才华的男人；

男人：20 岁至 24 岁的漂亮、有身段的女人。

25~30 岁时，女人：坚持要比自己大的男人；

男人：20 岁至 24 岁的漂亮、有身段的女人。

30~40 岁时，女人：心灵契合的男人；

男人：20 岁至 24 岁的漂亮、有身段的女人。

40~50 岁时，女人：男人；

男人：20 岁至 24 岁的漂亮、有身段的女人。

50~60 岁时，女人：能和我终老的男人；

男人：20 岁至 24 岁的漂亮、有身段的女人。

60~70 岁时，女人：和他在一起，需要自己照顾的男人；

男人：20 岁至 24 岁的漂亮、有身段的女人。

70~80 岁时，女人：和他在一起，不需要自己照顾的男人；

男人：20 岁至 24 岁的漂亮、有身段的女人。

80~90 岁时，女人：死在自己后面的男人；

男人：我虽然已经老眼昏花，不过我还是希望找 20 岁至 24 岁的漂亮、有身段的女人。

结论：男人专一，女人花心。

瞧瞧，男人打心底里对自己的择偶标准有多执著！

20 岁至 24 岁的女人到底哪里最迷人？是她们身上没法隐藏的透着成熟的青春。她们不同于十七八岁的少女那样青涩，也不同于二十七八岁的熟女那样透熟，她们浑身散发出最原始的女性吸引力，如同花蕊初露的山花，招蜂惹蝶；又犹如挂在树上小刺渐红的荔枝，见着就嘴馋。不管是小男生还是大男人，见到正值妙龄的女人，就如雄鸟遇见繁殖期的雌鸟，怎能不动心？

正如进化心理学家所指出的，在漫长的进化过程中，由于男女的生育佳期的年限不对等，男性为了保证自己的基因可以长生不老，为了让自己的后代获得优质基因组合，他们在激烈竞争中已经进化出对正值佳期的年轻女性的特殊偏爱。这种偏爱，本能地影响着他们的择偶行为，不经言传，有时候连他们自己都不一定能察觉，自己为什么偏偏对这些女性有反应。

小男生对姐姐的爱，大抵被人们想象得多么单纯美好，其实那也只是本能地迷上姐姐那初熟的香味。

没有无缘无故的爱

正经人家的小女孩爱上小混混，不顾众人反对，就算赔上自己的前程，蒙上不孝的罪名，也誓要捍卫自己的“真爱”。热情、单纯的小男生，不懂得女人，不懂得生活，不知道自己要什么，不知道什么事负责不起，只顾一门心思黏着姐姐。尽管他们的结局大多不圆满，你也依然可以感叹那种爱情如此单纯，因为他们确实没有想太多，或者说压根儿什么都没有想，自动屏蔽掉大脑的工作，而全凭那些主导情绪的边缘系统来实践这单纯的爱情。

但是，它单纯却并没有特别的圣洁，至多只能说是让小姑娘和小伙子享受当下。人们总是怀念那种没有设置条件，不看重对方收入和地位的爱情，却不知道这种爱情其实恰恰就源于最原始的条件——初熟的性感和繁殖的本能。爱，从来都是带有条件的，有形的和无形的，意识里的和无意识里的。

与其怀念年少无知的爱情多么单纯、美好或者神圣，还不如展望眼下，寻找成熟的爱情。女人会考虑男人有无收入，男人会考虑女人是否年轻漂亮，同样，女人还会考虑男人有无担当和人品好坏，男人还会考虑女人性格是否合拍。带着这样那样的考虑，并不能说明爱情已经变得遥不可及，或者变得太现实而无味，而只能说明一点：她和他，都懂得对自己负责，都在为两个人和孩子将来获得幸福而努力。

女人眼里容不下“小兵”

32 岁的甘小姐：他只是个小小公务员

我跟现任男友已相处三年，他长得还算得体，人也很专一老实，有份稳定不错的公务员工作，对我非常好，比较迁就我，我妈妈觉得他和我比较合适。但是他个人似乎没啥特别突出的能力，又没什么野心（而我非常努力，希望成就自己，所以有时看他安于现状，就非常生气）。我一直在犹豫他是否是我想要的丈夫……我已经32岁了，虽然自己还比较漂亮有气质，还有不错的事业前景，但是周围的人都给我婚姻压力，让我也有些着急。跟他结婚的话，我担心日后的日子不快乐，毕竟他身上缺乏让我欣赏甚至崇拜的东西。如果重新找，我很担心是否能找到愿意迁就我臭脾气的男人，而且重新开始必然需要很长时间，我现在真的很矛盾。

大家是不是觉得这位女士身在福中不知福？钱不缺，貌不缺，对自己温柔体贴、从一而终的男人，上哪儿找去？这种姑娘们梦寐以求的公务员丈夫，属于现实社会的抢手货呢。有些男士可能还要站出来客观分析说：你们俩一个脾气差一个脾气好，一个有野心一个比较安心，正好互补，绝配！

但是，为什么这位女士32岁了还这么不现实，要什么他身上有她“欣赏甚至崇拜的东西”？她到底要的是什么呢？

女人仿佛都希望自己嫁给当将军的男人，而不是小兵。相亲节目《非诚勿扰》许多期都由于女嘉宾频繁问及男嘉宾的事业规划或目标，而引起“是否非要当将军”的辩论。主持人孟非和嘉宾黄菡、乐嘉三位“红娘”都一致认为懂得享受生活才是王道，适合当个教师就好好当教师，适合当主持人而不是导演就好好当主持人，喜欢打工而不是创业就好好打工，没必要个个都成为企业家。可是，女嘉宾对“小兵”依旧仅有同情，而对“将军”依旧执著。而且，不是小女人才挣扎着非要找个强大的依靠，就连物质已经能自足的女强人也要找“巴菲特”，要求对方比自己更“有本事”。梦想成为“女版巴菲特”的女嘉宾张聪聪，就坚持要找有雄心壮志的男人。

心理学家的研究结果也表明，经济越独立的女性越喜欢较年长的男性，对男性经济实力的要求也越高。而按照他们最初的假设，却是以为，女性收入越高，其择偶偏好就越类似于男性，倾向于选择年轻、有魅力的伴侣，而不是有钱供养好孩子的男人。

所以，其实案例中正在犹豫不决的甘小姐，她心底里想要的还是个真正的男人，而那种“罩得住她”的才叫男人。女人都爱比自己强的，即使她自己已经登上了“珠峰”，她会爱上的还是比她站得更高的男人，即便那样的男人稀少得几乎不存在。她其实也不是贪心，只是本能地想找一个可供仰望的对象，这种本能大概可以追溯到远古男女开始明确分工的时代。

遥想以狩猎和捕鱼为主导的原始社会，男性一直作为家庭生活物资的主要来源，女性为保障自己繁衍后代有更充足的资源和安全的环境，更青睐高大强壮、并且能提供丰富资源的男性。即使在女性完全可以养活自己的现代社会，女人从祖先那里遗传下来的集体潜意识一直影响着她们择偶的偏好：钟爱可以令自己仰望的男性。这也正是“灰姑娘”的美梦为何流传如此久远的原因。

许多“过来人”都喜欢对女孩子谆谆教诲：没必要非找个多有雄心大志的男人，没有人当小兵，哪有人当将军呢？可惜，话说得多有道理，都难以动摇女孩子找个“巴菲特”丈夫的心理。她们执著到即便等到三四十岁也要继续等，而当她们等到了，那该是什么样的心情啊。《非诚勿扰》有一期场面就相当可爱，搜狐客户经理王璟，一直很安静。当一个资产500万元，年收入70万元的男嘉宾上台征婚时，她激动地说：“我终于找到一个收入和我差不多的了……”，未来老公当场泪流满面。

不过，不是将军的男人也不必气馁，其实什么人才称得上“巴菲特”，每个女人的定义都不一样，女人实际上只要求那点可以让她仰望的东西，只要你有让她欣赏、让她崇拜的强项，只要你内心足够强大，那么你就有潜力变成她眼中的王子。

男人眼中的淑女，女人眼中的敌人

虽然能上相亲节目《非诚勿扰》的女嘉宾，大多长得标致，不是身材好就是脸蛋乖，却不是个个都一样受欢迎，被选为心动女生的次数也相差颇大。对热门的心动女生，为什么男人容易一眼就看上她们？通过她们，我们可以了解中国男人眼中的大众情人大概是啥样。

不过，在《非诚勿扰》节目上走红、同样具有美貌的如孙雅莉、余夏、马诺等，被选为心动女生的次数却并不那么多。为什么？因为大众情人除了美貌以外，还需要有通过举止言谈包装出来的气质。心动女生在台上的表现，其实就是可以归为“淑女”形象的特点：

1. 装扮清纯，小巧可爱。
2. 说话不会太啰唆，点到即止。
3. 动作有点拘谨，速度慢，不十分张扬。
4. 在女嘉宾之间有亲和力，表现得跟所有女嘉宾的关系都不错。

“窈窕淑女，君子好逑”这句诗歌吟诵了多少个朝代了，在现在这个宣扬女性要活出风采活出个性的时代，“淑女”依然是男人首选的妻子人选。因为，男人的集体潜意识里就认定，要是当妻子的话，那一点“矜持”和“低调”真的很重要。

在很久很久以前，文明还没有成型的时代，男人，一名猎人，注定要为养育后代付出大量的物资，他在承诺付出这一切之前，会挑选一个值得长期投入的女人作为妻子。选谁呢？除了成熟的身体和美丽的外表外，男人首要解决的问题就是避免一不留神当了别人孩子的爹。因为男人不同于女人，无法百分之百地确认那小毛孩身上藏的是自己的一半基因，也就是现代人说的为了降低“戴绿帽”的风险。男性的祖先已经知道要选择比较矜持、不那么开放的女人做妻子，他们要确保妻子对自己忠贞。

某相亲网站的一项研究显示，女会员征婚主页里呈现的照片会影响其征婚效果。邀请一些男会员对随机抽取的数千名女会员的照片从性感到保守作十等级评定，最后统计这些女会员收到联系请求的数量，发现照片性感程度与联系数量的关系可以以一个U形曲线表示，即性感级别最高和性感级别最低的女会员联系数量较低，而性感级别中等的女会员最受欢迎。

进化心理学家通过一些有趣的研究发现，男人对会脸红的女性特别容易心动。为什么呢？一是脸色红润象征着身体健康、生殖力旺盛。从生理学角度看，女人在月经以后、适宜受孕的几天，脸色会比平时更加红润。二是脸红是害羞的信号，这是矜持女性对待异性追求的一般反应，男人会本能地觉得脸红害羞的女人更加纯洁和忠贞，于是自然觉得她们更加迷人。

女人爱老男人，男人爱小姑娘

大家经常挂在嘴上的一句话“只要是真爱，年龄不是问题”，听上去也不错，但是如果给男女双方最大的自由去选择的话，他们对年龄都有各自的嗜好。

为了搞清楚为什么有些人老是难以找到符合自己心意的并且也喜欢自己的人，我们作了一系列分析。从海量数据中，我们发现一个让人十分震撼的结果，不同年龄的男女择偶条件中对对方的年龄要求可以在纸上绘成一条形似喇叭花的河流，可以非常清晰地看到，男性和女性在择偶年龄要求上面出现了一段零交集：35 岁以后的女人想找的男人偏要找更年轻的女人；而乐意找 35 岁女人的男人却已经 50 岁以上，超出了女人自己设定的择偶年龄范围。

观察男人择偶的年龄要求，取样本中的平均值以后，除了 20 多岁的男人会找比自己大或者跟自己年龄相仿的女人以外，男人都爱找比自己小的，而且越老的男人越爱小姑娘。30 多岁的男人要找比自己小 3 到 8 岁的，40 多岁的男人要找比自己小 5 到 15 岁的，50 多岁的男人要找比自己小 12 到 20 岁的，而 60 岁以上的男人希望找 20 多岁的小姑娘。显然，中年以后的男人只能在他女儿或孙女辈中找老婆了。日本的风俗是男大女 7 到 10 岁，西方男人当然也注意女人的年龄，不过他们的容忍度比较大，对年龄的要求没有这么苛刻。

而女人对男人的年龄要求则比较稳定，超过 80% 的女人都是要求对方不比自己小或者比自己大 8 岁以内。

看来，年龄依然是个很现实的问题。那么，为什么男女在年龄的选择上有如此大的差距呢？接下来就告诉你。

老男人是女人最好的学校

“他太嫩了！”

“他看起来那么小，我们走在一起，别人会以为我拐卖他。”

“我喜欢成熟型的。”

这是相亲节目《非诚勿扰》的女嘉宾在第一轮就灭灯的常用理由，比起“他上面西装下面牛仔裤，穿得像个色狼”或者“他表情太丰富”等，这个理由显得更加自然，更加理直气壮。

暂且不理会男人会不会介意比自己大的姐姐，女人一百个有九十九个都会嫌弃男人是个小弟弟。男人找个老妈级别的女人谈恋爱百分百是要遭到异样的目光的，不是被议论心理异常就是想当小白脸；当女人找个爷爷级别的男人结婚，却总是被人们理解，说那是女人爱上老男人的智慧。而生活中，有一部分女人更是对老男人情有独钟，对同龄男性无动于衷。她们说：我就是要找个比我大的，20岁的时候我想找个30岁的；25岁以后，我想找个40岁的；30岁以后，我可能会找个50岁的。

一名男同事刚过28岁生日，他在某相亲网站上的个人主页从前都是无人光顾的，最近莫名其妙地出现了许多小姑娘的浏览足迹。他很可爱、也很得意地对我说：“我的主页今年一下子多了许多粉丝，看来我是越老越有魅力。哈哈！”

确实，在现代都市的择偶市场里，26 岁以下的男人往往被女人列入少不更事、吊儿郎当或者不靠谱类别。男人，只要还活得生龙活虎的，就越老越有魅力。

为什么女人更青睐比自己年龄大的男人？有的过来人会说，因为女人怕自己老得快，到时候留不住看上去更年轻的丈夫。这种解释有点扯淡，女人也没必要那么不自信。假如丈夫要出去找年轻的小姑娘，那不管妻子漂亮不漂亮、年轻不年轻都会去找的。

而爱上老男人的姑娘自己通常是这么解释的：因为比自己大的男人更加成熟、稳重、包容又会照顾人，他们凭丰富的阅历就足以让我获益良多，老男人身上那股男人味醇厚而不会浓烈，安全可以依靠。

24 岁的赵小姐：爱上老男人

我是一个 24 岁出道不久的职场新人，却爱上了年过半百的老男人。我还没来得及去打听他的家庭情况，只是暗自喜欢他，喜欢和这个老男人共度年轻的时光。老男人时常提点我，教我职场生存的规则、处世之道和待人接物的方式，给我许多工作上面的建议。虽然不一定听得进去，但我很享受这样有人教着。我常常和他一起出去参加各种应酬，每次我都以下属的身份出席。能喝点酒的我总会帮他挡几轮，老男人很担心我，劝我少喝点，而我表现得一直很得体，从不出丑。有我在身边，老男人焕发年轻活力。生活中不缺与我一般大的异性朋友，而我总当他们是哥们儿，他们时常笑话我不懂男女之情。其实他们不知道，与老男人相比，他们似乎太嫩了，缺少那种成熟的男人味。

虽然我个人建议未经世事的小姑娘最好只把老男人当一所学校，毕业的时候该离开还是要离开（因为在饱经世事的老男人面前，小姑娘既不神秘，也不纯洁，更不珍贵，只是他面临衰老时抓住的一个青春照面而已），但是我还是十分理解为什么她如此迷恋老男人。

进化心理学家指出，由于男女先天的生理结构的差异以及漫长历史的社会分工，女性进化出一种保证后代顺利繁衍的策略，择偶时更注重男性能否养家糊口。而年长的男人相对来说，社会经历更丰富，各方面能力发展已经趋向成熟，因此，女人会本能地感觉到老男人成熟、稳重、智慧或者是背后相对丰厚的财产，比吊儿郎当或者初出茅庐的小男生更有魅力。所以，女孩子选男朋友大都喜欢找比自己大的。而有些女孩子对年长男人的迷恋，那也许真的是情不自禁、发自骨髓的情感，就像老祖宗从遥远的千年把你牵引到那老男人的身边一般，令你以为这也就是一种天意，一次不解之缘。

老牛为何都喜欢吃嫩草

除了外貌，中国男人择偶的另一个重要标准就是年龄。从某相亲网站会员征婚数据中，我们发现超过九成的男性会员会要求女方的年纪比自己小。

24 岁的郑小姐：最近一个老男人在追我

我们差了 20 岁。他很疯狂，明明知道我有男朋友（因为我一开始就用这个理由拒绝了），还是自信满满地追我。他是一个很成功的人，也许只有成功的男人才有这种自信吧。坦白说，我开始很享受他的追逐，也欣赏他的自信，“你不尝试，怎么知道不是你的？”这是他的话。我百般防守，还是陷进去了。我问自己，喜欢他什么，如果他没有钱、没有事业，我会喜欢他吗？我很清楚地告诉自己，不会，绝对不会。只是我在他面前可以完全放松，把自己变成小孩子。

31 岁的梁先生：我发现自己也想找年轻的

我的初恋女友是还没毕业的大学生，她当时 19 岁，居然受到她系主任的追求。我女朋友拒绝了，并说对这个系主任有点失望，因为他都是中年男人了，实在有老牛吃嫩草之嫌。我听到后当然非常生气，去电把他大骂了一顿。女朋友说我太鲁莽，但是我当时确实非常鄙视这种男人。后来，初恋女友和我分手了。而今的我已过而立之年，对人生感到非常彷徨。家人都着急了，给我介绍了很多女孩，都是和我年纪相仿的，但我无法爱上她们。我发现自己很想找一个年轻女孩，年龄在19岁到22岁之间。我怀念我的初恋女友，怀念她年轻雪白的肌肤和曼妙的身姿，怀念她明朗灿烂的笑容。

54岁张先生的征婚主页：我的内心依然年轻

本人丧偶，女儿已经成家。拥有三家企业，内心依然年轻，充满朝气。期望遇到年轻的你与我共度美好时光。择偶要求：20岁到28岁女。

为什么男人偏爱比自己年轻的女人呢？

大家都很容易想象到男人喜欢年轻女人的诸多原因，有的出于对自己已逝青春的追恋，有的出于要扮演一个父亲的角色，有的则出于支配和控制。而一般还会认为，这是由于文化习俗对人们思想观念的影响。传统的婚姻中，通常男人会娶比自己小3岁到5岁的女人，而且在一夫多妻制的时代，男人逐渐老去却还是继续迎娶更多年轻的妻子。然而，在远古社会中并没有这么多的全球一体化的法律或者习俗，那这些文化习俗又是从何而来呢？

进化心理学家指出，两性关系的习俗和男女的恋爱择偶行为都源于人类这个物种的进化需要。两性的结合，最初是出于物种繁殖的需要。由于男女的生理结构差异，男性一生可以“播种”的时期比女性长，而女性的卵子数量有限，并且从远古时代开始，男人就担任着获取生存物资的主要角色，而女人生一胎需要用将近一年的时间，身体消耗巨大，很大程度需要依赖男人提供生儿育女的物资。因此，男女各自演化出不同的择偶策略。为了利于让自己的基因传播下去，男人更乐意与年轻女人结婚，而女人则倾向与年长男人结婚。男人更青睐年轻女子，更愿意“投资”年轻女性，因为女人的生育年限相对短暂，生育能力在20~30岁之间达到顶峰，过了35岁生育质量普遍下降，年轻的女人生育能力一般优于年长女人。女人更青睐年长男子，因为在人类社会里，年长男性一般更可能拥有资源和更高的地位，会让女人感觉更加安全有保障。

不过，男人尽管都无法抵挡年轻的诱惑，但确实老了也会力不从心，毕竟有更多放不下的感情和责任。于是，男人也逐渐学会安慰自己：不同年龄段有她独特的“美”，那是不能比较的，十几岁的女孩子有她的青春活力，三十岁的女人拥有成熟、感

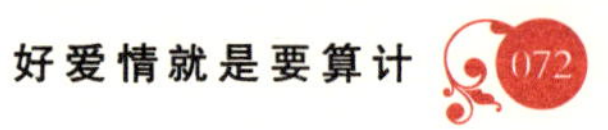

性，四十岁的女人可以修饰得雍容华贵。而男人智慧修满以后，也许又会明白，身体的年轻也只是暂时的，几年后也会不复存在，要是追逐年轻的身体，那是没完没了的活儿，而心态的年轻却可以伴你终身，谁也带不走。

这也是为什么现实生活中并不是所有男人都会一直追逐小姑娘的原因。而生活中能保持年轻乐观态度的女人，时常能让人耳目一新的女人，将是男人永远离不开的珍宝，因为这样的女人给了他年轻和活力。

男人翻身有机会，女人韶华只几岁

27 岁的女人都嫁给了谁

哪个年龄阶段的单身男女人数最多呢？

我们对征婚会员按年龄进行统计，发现 39 岁的男性和 27 岁的女性分别居首，在女性会员中，27 岁的最多，其次是 26 岁，而让我们一直认为是“老大难”的高龄女性（35 岁以上）则排在前 5 名以外。

这个结果让人吃惊。我看过相关的医学报道，说女人 27 岁左右是一生最漂亮的生理阶段，此后就开始走下坡路了。难道是出于对自身生理状态的高度敏感，要在 27 岁这个美丽将逐渐逝去的年龄着急把自己推销出去吗?

在网站留言板上，针对这一调查，两名不同性别的会员留下不一样的分析，十分有意思。

女性会员：25 岁以前不着急，自己还是个孩子，有些人还在上学呢，结婚这事着什么急？ 30 岁之后，反正也错过了最佳生育期，还不如认真想想下一步该如何走，结婚这事着急也没用。唯独在 25 岁至 29 岁这个阶段，周围有人结婚有人生子，家长开始操心相亲，结婚的危机感最大。

男性会员：27 岁左右的女人不好接近。她们一般有点经历，多少谈过几次恋爱，没有自己的事业，但知道市场行情。又不像 30 岁的女人，自己年龄渐大条件也会适当降低。我相信 27 岁的女人都有诚意成家，奈何要房要车要前途，有的还要身高学历，一样都不能少。总之，她们比较难搞，麻烦。

为什么女人到 27 岁嫁人心切呢？在心理学中，人一生中的不同阶段需要处理特定的心理发展任务。其中，18 岁到 25 岁需要完成体验爱情和亲密关系的任务（“亲密 VS. 孤独”阶段），之后一直到中年则需要完成育儿或帮助下一代的任务（“生育 VS. 停滞”阶段）。27 岁的女人开始进入“生育 VS. 停滞”阶段，想当母亲的心理需求逐渐增强。

而也正因如此，27 岁女人对感情的要求通常更加明确和现实，浪漫不再是感情的第一要求，安定、富足是此阶段最明确的要求。在 27 岁的女性会员中，征婚要求一般是：35 岁以下比自己大一点，经济上要比自己好一些，最好有房子可以安家，学历和自己水平比较接近的，看重对方的涵养，对外形的要求一般。

要求很实在，但问题也正在此：“35 岁以下”、“学历和自己差不多”和“最好有房子”要同时满足比较困难。因为，已经有房子的男人不是家境特别好的，就是很早出来做生意但学历不太高的，而与 27 岁女人年纪相差不大学历不低的男人，有房有资本的着实不多。这样的要求列出来，男人会看到你欲嫁的真心，但也会自惭形秽，自打退堂鼓。

如果你正是 26～29 岁的女人，那么你要知道，在婚恋市场中，年龄并不是越小越好，不必因为年龄的压力而惊慌失措，30 岁之后的风光可能更美好，经验也并非越多越好，宽容的心态比现实条件更能吸引男人的目光。

男人的身高，恋爱的短板

未婚女性择偶时最初列出的要求多到甚至需要一个电子表格来整理。当她们到了“奔三”的年龄，大部分条件就会降低下来，但是仍然很少降低的标准是男人的身高。女性即使到了30岁到40岁之间，仍然会在资料里清楚地标明要求男性身高必须在多少厘米以上。

女性之间经常讨论说“男人身高低于一米七就是二等残废”，为什么有这样的定论？不少男人也喜欢个子矮的女人，即使只有一米五都有男人觉得可爱。为什么女人就非要个子高的男人？

据某相亲网站的统计数据，女会员的择偶要求中身高一栏，设定为“不限”的比例小于1%，要求170厘米以上的比例超过90%。

针对这一点，我们做了一项调查。

23岁的王小姐：“我自己才勉强一米半的个子，我可不想自己的孩子以后也是个半残。当然要找个一米七二以上的吧。”

28岁的何小姐：“我本来个子就高，总不能找个比我矮的吧。”

32岁的杨小姐：“个子高点，感觉安全点啊。”

26岁的肖小姐：“男人本来就是该高一点呀！他们的身高最

好是比我的身高再加上高跟鞋的高度还高一点。”

30岁的曾小姐：“要是找个矮的，我跟他坐车时想睡觉，头往哪里搁啊？”

27岁的岑小姐：“网上都有结论了，那个叫什么‘男女身高最佳配对表格’，我一米六三的高度，配一米七八的就最完美了！”

除了要求男人比自己个子高，有的女士还要求男人不要比自己高太多。记得相亲节目《非诚勿扰》的女嘉宾许秀琴面对身高一米九的男生，她说：“我们一个高，一个矮，你不介意吗？”

按照她们的说法，大致会得到这种结论：第一，女人喜欢个子高的男人，只为了两人并肩走的时候看上去登对，也就是有点虚荣心而已；第二，想得比较长远的女人是为了下一代着想。

但事实上，女性偏爱找个子高的男性，在下意识里还隐藏着更深层的原因，除了让自己在女性朋友面前有面子，除了想生个高个子的孩子，她们更多的是出于一种寻求依靠的需要。

从狩猎时代开始，由于男女的分工不同，女人主要依赖男人带回生存的物资。你可以想象一下，狩猎者在丛林中，除了要追击猎物，还要随时监视森林中的风吹草动，以及辨别方向。高个子无疑在这活儿上面就有天然的优势。女人们要是找到高大的男人做丈夫，就等于找到了可以让自己获得更多食物并且不会迷路的依靠。因此，女人从老祖宗时代开始就喜欢高个子的男人了。

不过，能干的男人即便没有一双修长的腿，也会比高个子但好吃懒做的男人更具魅力，因为女人本质上爱的是安全感，是可以依靠值得信赖的男人，而不是那双长腿。事实也证明，到最后，矮个子的男光棍不会比高个子男光棍多，拿破仑就是一个摆在历史上的例子。只要你有魄力，矮个子照样可以把漂亮的女人娶回家。

20岁看脸，30岁看上围

一位女同事向我抱怨做媒的遭遇："他说他喜欢传统型女孩，我推荐的这个女孩子就很符合他的要求啊，父母都是教师，自己在大学教书，会弹古筝，懂茶艺，喜欢古诗词，而且皮肤特别好，白里透红简直像婴儿一样。结果见面不到10分钟他就跑了！还打电话抱怨我不负责。"

对此我也很好奇，与故事男主角见面时八卦问起此事，男主角一脸无奈："人不够漂亮，皮肤再好有什么用？"

我知道你们看到这里都很生气，觉得这个男人真龌龊，只重外貌不看内涵，太肤浅！对于女士的指责我相信所有诚实的男人都会照单全收：没错，我们就是这样的人，谁让我们男人是视觉动物呢？

喜欢漂亮和身材好的女人，是男人的择偶心理机制经过千万年的演化后深植于他的大脑里的。早在 19 世纪，英国的弗朗西斯・高尔顿（Francis Galton）就发现一个人的脸孔越对称，就越会被他人视为"漂亮"；美国得州大学德文德拉・辛格（Devendra Singh）教授则发现，当女性的腰围与臀围的比例为 0.67~0.8，而以腰臀比为 0.7 左右的女人最吸引男人，无论她是胖是瘦，都会让男人的第一反应是：身材劲爆！而拥有"漂亮"（对称的脸孔）和"好身材"（接近 0.7 的腰臀比）的女人则暗示她们具有旺盛的生育力。

所以，这就是男人为什么在初次约会中自然地喜欢年轻、貌美和身材好的女人的原因，因为这些特征暗示它们的拥有者具有较高的生育能力和携带较健康的基因。

现在你知道约会的第一印象是要重视外貌的，之后的约会才要充分发挥你的内涵美丽。那么，你就要在初次见面时展现出你最好的形象，才会增长继续交往的机会。你的打扮应该尽量让你显得清纯：长发、淡妆、瘦腰身的衣服对你的形象会大有帮助。

一旦你抓住他的第一眼，才能有“第二眼”的机会来充分发挥你的内在魅力。

当然，虽然知道女人假如拥有美丽的脸蛋和玲珑的身材，绝对能死死吸引住男人的第一眼，但是，上帝似乎很公平，给了你天使的面孔，不一定给你魔鬼的身材；反之，给你了魔鬼的身材，却不一定再送你天使的面孔。时常是，街上一美女飘过，留下醉人的倩影，激发人无限遐想，同时令人内心开始纠结、挣扎：回过头让我再看真一点吧，不，还是不要回头，别让我才刚刚展开的美妙幻想化为乌有。

于是，女人需要寻找爱上自己优点的男人，扬长避短，最大化自己的魅力，而男人也需要在脸蛋和身材之间作个抉择。问：要阿娇还是要舒淇？结果，43% 的男人选择阿娇，51% 的男人选择了舒淇；6% 的男人此刻内心依然在激烈斗争，犹豫不决中。这个统计结果说明不了问题。

为了把问题弄清楚，我们又做了一项调查。发现，不同年龄的男人嗜好的侧重点有所区别：年龄越小的偏向女人的脸蛋优先，年龄越大则偏向身材，到最后却什么也不偏向了，随便投一票或者干脆弃权。正如成人世界广为流传的男性密语：20 岁时看脸，30 岁时看上围，40 岁时看下围，50 岁后开始有特殊爱好。

为什么年轻男士偏爱看脸蛋？究其根源，只因为还未熟透。

一个20岁的男人，情窦初开，情迷意乱，能克服羞涩惧怕之心而直视心仪异性的双眼，已属不易，自然最注重女性的脸蛋，而且人的注意力本来就是从脸蛋开始的。儿童发展心理学的专家告诉我们，人在婴幼儿时期，视觉的分辨率是很低的，看什么都只是个大概，但特别喜欢看人脸，只要是圆润、对称、微笑的脸就能吸引他们的注意力。这种注意力的偏向一直延续到小孩视力发展完全甚至是青春期阶段。可以想象一下儿童的绘画作品，里面所有人物的头都是特别大的，躯干和四肢只寥寥几笔，十足像个外星人。

而成熟的男人则不再忌讳，或者说是不由自主被类似女性的形状吸引着正空闲的视线，犹如喜欢捧着一瓶可乐，握着一杯红酒杯，抚着一尊陶瓷。对女人身材的敏感，正是祖先给予成熟男人的特异功能，为他们提供了寻找配偶的直观线索。

以后再有小男生对你说，他只看脸蛋，你心里应该明白他并不是“好色之徒”的异类，也不是“正人君子”的珍稀物种，而仅仅是还处于青涩时期的男人。

男人的幽默与智商关系有多大

不少女人虽然都想找个老实可靠的归宿，但内心却禁不住爱上幽默风趣的男人。

《非诚勿扰》第52期1号男嘉宾赵海龙，一段开场白逗得台上台下阵阵哄笑：“这次上节目实现了几个人生中的‘第一’：第一次相亲，第一次跟这么多美女相亲，第一次跟女孩约会不用掏钱请吃饭。”在现场，他摸着胸口说“上《非诚勿扰》一定要摸着良心说话”，赢得了大家的赞赏。如此的幽默助他首轮女生投票的时候就得到了23盏灯，获得了夏威夷甜蜜水果之旅大奖的机会。

而多才多艺的“反恐精英”孟洪涛除了太过严肃之外，表现堪称完美，但正因为太过严肃，缺乏幽默感，令情况发生大逆转。当一个人一脸刚毅地说“我的幽默感很强”时，恐怕没有多少人会相信这句话。所以当严肃的孟洪涛在台上再次强调自己幽默感很强时，理所当然地受到全场质疑。在工作上永不妥协的他自称在家庭中一定会妥协，可是女嘉宾们在他身上只能看到正气看不到情趣，所以大都选择了灭灯。

为什么女人喜欢幽默的男人？

24 岁的罗小姐：“跟幽默的男人在一起很轻松快乐，生活有情趣。”

33 岁的廖小姐：“觉得幽默的男人跟自己容易有默契。要是太严肃、笑不起来的男人，对着他们感觉就像对着石头，找不到心灵和思绪碰撞的感觉。”

27 岁的刘小姐：“可能我自己比较闷吧，再找个闷的，可能不大合适。”

28 岁的郑小姐：“感觉幽默的男人比较乐观吧。我比较喜欢乐观、阳光的。”

幽默风趣可以使人开怀大笑，幽默风趣可以使人更具魅力，幽默风趣可以使人巧解尴尬，幽默风趣更可以使人乐观生活。总之，幽默风趣是一种人人都喜欢的东西。斯坦福大学的研究人员最近惊奇地发现，在看幽默漫画时，人的脑部反应就如同服用了可卡因，或者得到一大笔钱，又或者看到一个美人（大脑中一个名叫“伏隔核”的神经核团，内含有大量的化学物质多巴胺，能够激发人的愉悦情绪，在接受幽默时“伏隔核”出现了激烈的反应）。美国一所咨询机构曾做过一项关于“你身边什么样的人最受欢迎”的调查，结果答案不像料想的那样多彩多样，一致指向了这样的人：懂得幽默，有幽默感的人。所以，女人喜欢幽默的男人实属正常。

然而，女人对幽默男人的着迷，远远不只是平常交际中人们对幽默的偏爱，择偶的行为不会那么随意。还记得前面介绍过，女人从祖先那里继承下来的择偶偏好都有哪些？女人对聪明能干、事业有成、年长成熟、位高权重、将军级别的男人特别钟爱，归根到底是源于女性在漫长的历史中进化出的对拥有丰厚物资的男性的偏爱，而幽默通常被认为是头脑灵活或者见识广博的表现。女人喜欢与幽默的男人恋爱，很大程度上是爱上了幽默男人对外展现的聪明才智。

幽默男人是不是就见多识广，或者交友广阔，那也说不准。因为，幽默是可以复制的，即便肚子里没才也没品的男人，也可以通过专门的训练让自己看上去很幽默，知道如何逗小姑娘笑，因而也能让一时昏头的女人迷上他。

所以，不得不提醒女士们，和聪明的人恋爱时很快乐，因为他们幽默，会说话，但也时时存在着危机，因为你不知道谁才是有真材实料的幽默男人。

男人吹起牛来比吃饭还自然

男人似乎大多爱吹牛，喜欢在女人和其他男人面前夸大他们的能力和重要性。他们见到哥们儿就爱炫耀一下自己情场多么得意，校花都做过他的女朋友；见到女性朋友就爱侃侃自己得过多少奖项；见到老板，当然就要报告自己的惊人业绩。国外一项有趣的调查显示，在19岁到54岁间的男人中，有21%夸大他们的年薪，而吹嘘自己性经验和性能力的更是大有人在，居然达到47%。

男人为了爱面子和争强好胜而说谎作假，有时到了令人匪夷所思的地步。譬如，闲聊提到某女性新闻人物，正好跟自己同一个地方出生的，男人就可以吹牛说跟那女的小时候同上一所学校，她还暗恋过他，只是他当时专心学业没答理她而已，接着悔不当初地说："早知道当时就从她，那么我今天也是半个富豪了。"

瞧瞧，男人吹起牛来，都这副模样！

而男人在心动的女人面前，他们甚至会把吹牛当成求爱的方式。《非诚勿扰》男嘉宾，来自辽宁的杨智上场时以24盏灯全亮的战绩令全场尖叫，最终却落得全场灭灯，抱憾而归。问题出在"未来规划"不切实际，夸大成分过多。现任房地产资深顾问的他北漂三年，大胆计划着两年内在二环买套房子。鉴于北京房价水平，再结合杨智的现有工作，以深知北京房价之害的孙雅莉为首，女嘉宾们纷纷认为杨智是在痴人说梦，并毫不留情地灭掉了灯。

男人爱吹牛，不仅在最开始认识女人的时候，在恋爱阶段，男人更加会把吹牛的本事发挥到极致。就拿男人对女人所说的爱情谎言为例，其中有一大部分都纯属吹牛。网络上男人说给女人的“十大谎言”除了“你是我的唯一”外，还有“我爱你天长地久”“能娶你是我一生最大的幸福”“我一定改”“每天晚上我想的都是你”“我不在乎你的容貌”“等十年后你老了我依然最爱你”等。很多女人虽然明知这些话不大可信，但还是喜欢听，听着听着就陷进去，最后不能自拔。

为什么男人就这么热衷吹牛呢?

因为男人渴望塑造无所不能的形象，从而被众人仰望、被女人崇拜，而这种渴望或者说习惯，很可能与狩猎时代男性祖先炫耀猎物的习俗有密切的关系。

几千年前，男人狩猎带来的食物资源是非常独特的，有时候男人在一周内可能成功地捕获两只大型动物，但接下来的很长时间里他可能什么都逮不到。于是，男人通常愿意与家庭成员之外的人共同分享肉类。而且，这种周期性的“幸运”将变得为群体中的每个成员所熟知，逐渐成了男人炫耀的习惯。人类学家克里斯汀·豪克斯（Kristen Hawkes）认为，女人们都更喜欢和炫耀的男人做邻居，因为他们敢于冒险出去寻找那些虽然稀少但非常有价值的肉类食物，女人就能够从他那里分到一小部分肉来食用。

现代的男人遗传了祖先的心理，似乎天生就喜欢炫耀，并且下意识地认为女性都喜欢有本事炫耀的男人。其实不仅仅在恋爱当中，在日常生活和工作中，我们都常常可以看到男人对着几个年轻女性显示自己的本领，即便女性不是自己要追求的对象，男人也会在这种炫耀当中获得愉悦感。而假如面对自己追求的对象，男人就更加急迫希望让对方知道自己有多么厉害，希望女人会因此而崇拜自己。

但是，炫耀的方式很讲究，自己赞美自己的话远没有借旁人的口说出来更容易让人信服。所以，虽然所有男人都热衷吹牛，特别喜欢在心仪女性面前罗列自己的丰功伟绩，连小学得过一次长跑第三名都拿出来说，但是，往往只会让对面的女人觉得你像小孩，至多会因为你的热切表现而觉得你蛮可爱。

没天理！“三高女”为什么嫁不出去

29 岁的许小姐，来自北京，高学历、高收入、高资质，俗称“三高女”：

在学生时代，我身边的男朋友都是篮球队主力，富有领导才能的学生会主席，或者是专业一流，总在领奖台上的尖子。毕业后进入一家外企，工作小有成就，还买了两套房子。由于专心工作，一直没有正儿八经考虑找对象的事。最近通过亲戚朋友介绍，我认识了一个 31 岁的公务员。他说话慢条斯理，发型也一丝不苟，做事算比较谨慎、稳重。可是他实在是太平庸了，工作了七八年，还只是普通科员，收入不高，也没有向上求晋升的想法。我好歹也算是校花级别的资质，我接受不了我的男朋友那么平庸。可是，让我不明白的是，我无论外貌、身材还是举止谈吐到现在都保持得很好，看上去还像 25 岁，身边优秀的男人却十分稀少，简直像人间蒸发了一样。

按道理，人们都喜欢好东西，优秀的女人能吸引优秀的男人，这才合乎常理。但奇怪的是，资质优异的“三高女”似乎运气不怎么好，平凡的女伴一个个陆续出嫁了，她们还只能“华丽丽地”让自己搁在单身公寓里。

从某相亲网站的征婚数据中，我们发现一个有趣的现象：男人的月薪和受欢迎度呈线性增长，收入越高就越受欢迎；而女性的月薪和受欢迎度不成比例，坡度是平的，甚至到月薪8000元这个点时，受欢迎程度反而会微微下滑。

这让我想起有一次看到电视上的采访，主持人问沈殿霞，你对这段婚姻有没有什么反省？她沉默很久，说："我发现一个女人如果事业上比她的男人成功很多，男人可能不会很开心。"

这也许让女人觉得男人太可笑，有点无理取闹，但事实就是如此。尽管到了21世纪，社会依然是"男主外，女主内"，毕竟每个男人从小都受到过这样的教育暗示：你将是家庭的面包提供者，你有养家糊口的人生使命！那么当女方收入比他高很多，甚至可以养活他时，这个男人的人生使命何在？

从更深一层来讲，男人下意识里就需要被崇拜，只有女人仰望的目光才能满足他作为男人最原始的需要，只有他觉得自己是家里的王时，他才可以真正感觉到自己是一个男人。因为，远在狩猎时代，男女的生理差异以及分工不同，就注定了男人作为强者来保护弱小的角色，而强大的男人才能在激烈的竞争中存活下来。男人作为强者保护女人、保护弱小这样的传统经过千百年的积淀和过滤，已经根深蒂固地埋在男人的骨髓里。即便在今天，男人内心深处依然渴望作为一个强者而被女人崇拜。

也许女人不会轻易罢休，她们敢于挑战高难度。她们以为自己弯下腰就能掩盖问题。例如谎报收入，把名牌衣服、包包搁到角落，然后在男人的自尊心面前总是小心翼翼，装得一脸仰慕的表情，或者天真地把收入悄悄过账给他……可是男人真这么好糊弄吗？你以为他拿着你的钱包，别人就不知道你俩到底谁是家庭经济支柱？即便别人真不知道，他终究还是知道的。男人需要的是担当支柱的成就感，是女人发自内心的仰慕，是被需要的感觉，而不是在人前的一张面子。

那么，高学历、高收入、高资质的“三高”女性要找什么样的丈夫呢？

很简单，应该坚持找一个比你“高”的，能让你真心仰慕的男人。不要怕旁人说你眼界太高，高自然有高的道理。男女之间，委曲并不一定能求全，你可以“下嫁”，但男人却未必领情，无功尚且不受禄，欠人一辈子情的滋味可不好受。而且，从更深一层来讲，女人，毕竟是女人，其实你心底里就渴望那么一个令你仰望的王子，那个比你高大比你强悍的男人来迎娶你。

只是这个“高”不一定是指经济收入，也可以是他某一方面有特殊成就。比如，你的收入比你丈夫高很多，但他有才华，在某个领域里他有特殊的贡献和名望，那么即使你收入比他高，也有欣赏和仰慕他的理由。

解不开的“公主吻青蛙”的魔咒

听说女人看男人先看钱，那是祖先遗传的嗜好，难以改变。于是不少没钱、没房、没车、不帅的男人十分焦躁，成天到网上释放压力，频频发帖：没钱的男人打光棍的概率有多大？

> 我虽然长得不帅，存款不多，房子未置，车子没买，工作平平稳稳，但为人孝顺，有责任感，懂生活，会照顾人，自认为是个踏实好男人。可是相了N次亲都告吹，原因就是没钱。而身边一男子长得歪瓜裂枣的，就是腰包够肥，他身边围着源源不绝的漂亮女子主动献媚。女人太现实！我都快绝望了！

再看看中国社科院发布的《当代中国社会结构》，书中指出：改革开放以来尤其是20世纪80年代后期，我国出生人口性别比越来越大，到2020年，我国适婚男性将过剩2400万人，很有可能出现“隔代婚姻”“姐弟婚姻”等错位性的婚姻。

看完这则消息，平凡男人更加心如止水，等着一辈子打光棍了。

但是，你不觉得奇怪吗？世界上真正有钱的人不占多数，有小钱的人也不会太多，大部分男人都属于平凡人，难道他们就只能当和尚？

事实上，越是平凡的男人，越不愁娶不上媳妇，有时候他们运气还特别好。为什么？

在心理统计领域有一个描述男女择偶现象的“温氏第三定律”。

大家都知道，女人在择偶这事上，早就进化出喜欢摘星的心理，找对象只会往上看，都爱找比自己强的男人。就拿身高为例，一米五的找个一米七的，当然一米八的她也可能愿意要；一米六的则至少找个一米八的；如此推下去，一米九的女人就要找个两米以上的男人。但问题是，超过两米的男人不一定存在。即便她愿意退而求其次而嫁给一米九的男人，一米九的男人也不乐意，因为男人跟女人正好相反，正常情况下，男人都喜欢找个自己可以低下头来看的女人，那才显得自己威猛。那么，一米九的女人最后嫁给谁呢？看下面这幅图，你是不是早就有股莫名其妙的冲动要在一米九的公主和一米六的青蛙之间牵线？

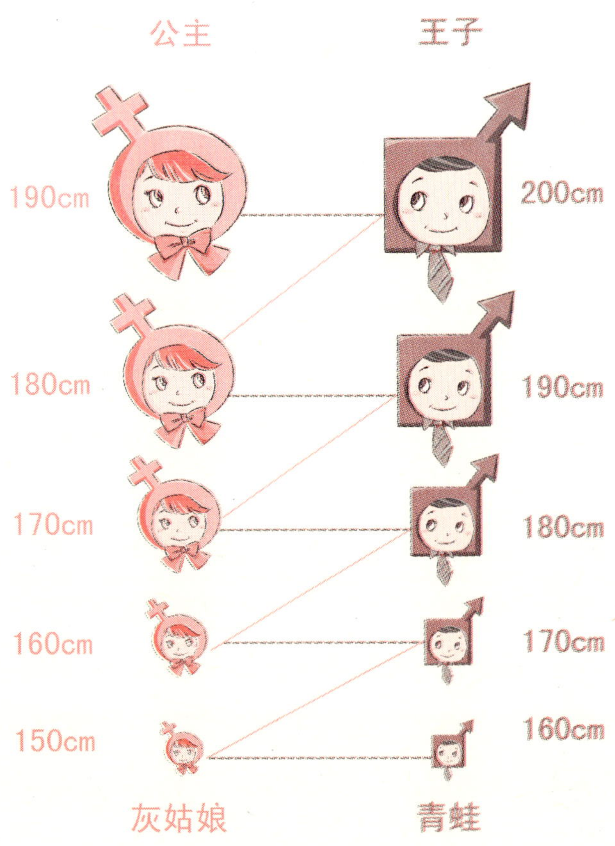

这就是为什么高个女性配矮子不稀罕，也是为什么“公主吻青蛙”的童话情节如此深入人心，更是为什么“鲜花”仿佛都要插在“牛粪”上才开得灿烂。所以，那些还单身的男人，你们也不用灰心，等久了说不定哪天天上就掉下个大馅饼给你呢。

当然，告诉你不必绝望的同时，也建议你不要只抱着侥幸心理守株待兔。其实，男人只要把自己身上的优点发挥到极致，懂得欣赏的女人总是有的。虽然，女人只要过了懵懂迷糊的年龄，有了一些社会经历后，大部分都会害怕嫁给穷小子，不过，这不怪她们，《陈世美不认妻》与《蜗居》一类的戏从古演到今，很难怪女人害怕糟糠十年而一朝被弃。对金钱的欲望，说到最灵魂深处其实只是一种安全的感觉，而没有安全感的钱也会大大地贬值。现实中，大部分女人最后都嫁给谁呢？看看大家的心声：

29岁的丘小姐：

其实，男人不管有没有钱，首先要舍得给一个女人花。对那个经典的问题“富翁随后扔出的一百万和穷小子最后的一个铜板，你要谁？”我选择后者。女人要的不过是安全感而已。我现在的老公就是一个普通的科员，每月3000元收入，房子、车子、家世都没有。开始我对他也不怎么上心，也会考虑以后日子不那么松爽，但是一个雨天他对我无微不至的照顾打动了我的心。最后我就决定嫁给这个一丝不苟、细心体贴、踏实勤快的“三无”男人。

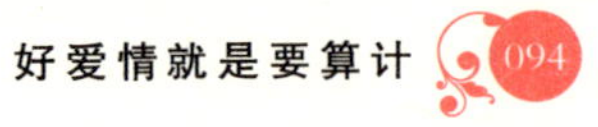

25岁的欧阳小姐：

有一次去相亲，对方是一个脑满肠肥的大光头，但据说非常有钱，他自己在宴席之中也极尽炫耀之能。不过我当时的想法是：跟你这样的人，就算可以去巴黎浪漫，也是非常恶心的事。钱不是判断可嫁的单纯标准，只能说男人无钱会扣分，男人有钱的话会给他的魅力加分而已！

有时候，人品好、有责任心、勤快踏实又懂生活的男人，能给女人最实在的安全感，这比一时半刻的高收入或者空有一屋子的金子钻石更具杀伤力。远在狩猎时代的女性祖先已经知道，光是拥有财富的男人是不可以当丈夫的，还得是愿意为自己投入的男人才行，于是她们选择配偶的时候，很长一段时间在半推半就，那时大概就是在考察男人的责任心、耐心等一系列品质。现代女人的征婚也十分看重男人那些能给她们安全感的品质。

所以，具有优秀品质的你，再练一身“大哥哥”的风范，学会从细节上打动女人，那么，脚踏实地的男人不用愁，世界上超过半数的女人都愿意嫁给你。

据调查，98%的女性征婚时都首先提到男人的责任心。虽然这个数字让我们明确了女性最一致的需求，但是，这却让我们相当头疼，因为所有女性似乎都在找同一个男人，有责任心的男人哪里够分呢？

撒“网”捞鱼靠谱吗

最近几年，网络交友已经不是新鲜事，网络相亲也已经逐渐为人们接受。而且，尤其是白领阶层，更加乐意通过网络来寻找自己的另一半。但是，一部分人依然不大愿意尝试这种新型的相亲方式，不愿意通过网络来相亲。

你是不是认识不少这样的单身男女，他们在生活中还没有遇到自己的白马王子或者白雪公主？参加每周的朋友聚会，去婚宴、去联谊会、去酒吧、去旅行，非常努力地寻找那个心中的他（她），但是，依然没有结识到合适的人。

既然这样，为什么不尝试网络相亲，而每天都在等那亿万分之一的机缘巧合呢？在冥冥中那个适合你的人，那么巧地遇上你，又那么巧合地与你相爱，然后经历一段一年半载的相处，你们又那么巧合地决定与对方结成夫妻。如此多的巧合，最后你和理想的另一半结合的概率几乎是零！难道你甘心就这样独自等待那个渺茫的机会吗？如果不甘心，你不妨尝试利用网络。

假如你的工作繁忙，假如你的生活圈子太窄，假如你不好意思通过朋友介绍，假如你觉得身边的人都不符合你的要求，假

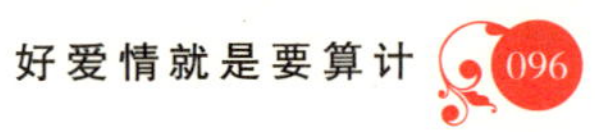

如，你依然没遇上令你心动的他（她），那么，网络相亲也许能帮助你。

通过网络这个便利的平台，将会大大提高你结识到各方面都比较合适的人的概率，因为你在10分钟的休息时间内，就可以与远在几十公里，甚至几百、几千公里以外的人交流。你不觉得这是科技给我们带来的最神奇的事情吗？

网络相亲，安全是第一

在线约会的安全性，大概是人们决定通过网络相亲前最大的心理障碍。

《2006年中国婚恋服务市场调查报告》显示：目前全国有近千家婚恋服务网站，而网站的服务内容和安全性，是单身青年最关注的问题。不少单身青年对互联网婚恋服务表示担忧，有52.2%的人认为在互联网上会遇到动机不纯者，而31.8%的人将交友对象情况不真实列为第二大风险。在对婚恋服务网站的要求中，有80.7%的人把严格的身份认证作为首选。诚信、安全已经成为制约交友行业发展最大的障碍。

因此，为了保证约会安全，务必注意以下事项：

1. 个人隐私信息自我保护意识。

可能涉及您个人隐私的信息（如手机号码、家庭地址等）保密，为了安全考虑，请不要在通信过程中泄露任何真实的隐私信息。

需要注意保护的信息还有：真实姓名、住宅电话、手机号码、办公电话、家庭住址、公司名称、银行卡号，或者任何可能让他人直接找到您的信息。

2. 对陌生人时刻保持警惕，不要轻信。

相亲进行时交友是一个严肃的网络交友空间，不要蓄意欺骗、伤害他人。但是，我们仍然建议您保持警惕，除非您与对方已经有很长时间的交往，而且建立起了一定的信任，否则不要轻易与对方约会。

3. 对试图得到您私人信息的人保持警惕。

经过一段时间的正常沟通以后，双方之间互相通报电子邮件之类的信息可以加深关系。此时，双方仍然可以保持轻微的警惕与自我保护意识。

4. 请勿轻易委身于人。

不管是男性还是女性，在恋爱交往的过程中往往难以控制住

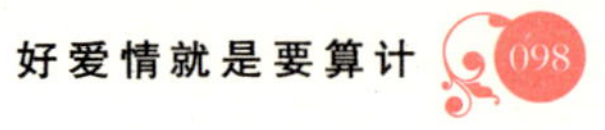

自己的热情，但是，太多的恋爱悲剧告诉我们，只有当你深深了解并且信任一个人的时候，你才能付出自己的全部。

5. 请勿和网友发生借贷关系。

社会新闻中常常看到被网友骗取财物的事件，因此，切勿和网友发生钱财或者物品的借贷关系，哪怕是比较熟悉的网友借钱，也务必留下凭据，以免发生不愉快的事情。

6. 选择公共场所约会，并告知他人。

如果双方的关系发展到可以足够信任对方且可以单独约会的程度，请在你们约会前确定一个首要原则：选择公共场所约会，并告知自己的朋友或家人。你一定多次听到过这样的劝告：单独去一个陌生、偏僻的场所和陌生人约会是多么危险。

7. 控制首次约会的时间，坚持自己回家。

掌握好首次约会的时间是非常明智的，如果你是新手，则请格外牢记忠告，即使企盼这次约会已经很长时间，而且作好了精心准备，并且约会非常美满，我们还是请你不要忘记早些回家，让家人放心。

8. 约会时要察言观色。

你不可能通过网络完全了解一个人的真实背景或真正性格，所以约会时察言观色是加深对对方感性认知的好时机。

9. 约会时其他注意事项。

请保护好手机号码，不要被对方知道号码或欺骗性借用；看管好身份证；不要在言谈话语中说出自己的电话号码、真实住址、公司等信息。

10. 选择信誉好安全性高的交友网站。

现在提供交友功能的网站各式各样，数量庞大，但质量却参差不齐。安全起见，最好选择信誉度和安全性都较高的网站。如果可以选择专门的相亲网站，就能在一定程度上降低交上无诚意的对象（只想结识朋友、消磨时间的人）的概率。

要想约会不浪费，动动心思才有戏

富翁身上最后的一百万

27 岁的郭先生：其实我想埋单的

我这是第一次相亲，据说现在的女孩子都很实际，我想最好不要显得太寒酸，就去西餐厅吧。我早早来到西餐厅，选择了一个靠窗的位置坐下。准点，她进来了，一身白领打扮，坐在我的对面，我们彼此尴尬地点点头。慢慢聊，也就熟络了一点，聊得还算愉快。时间差不多了，我们相对而视，都不说话。我心里琢磨，这顿饭谁来埋单？我埋吧，但是据说现在的女人有点女权，我的同事就遇到过一个厉害的女人，我同事抢先埋单反倒惹怒她，被她说性别歧视。AA 吧，那太别扭，我一个大男人，还非要加减乘除然后把零零碎碎的钱凑给服务员。隐约记得红娘提过一般都是男士埋单，但我还是不确定……就在我犹豫的片刻，她居然招呼服务员来埋单！我一时愣了，来不及把单子抢过来……结果不用我说你都知道，这次相亲吹了。

看来就连第一次约会谁埋单这点事也烦扰过不少人。其实，正如案例中红娘提醒过郭先生的，第一次约会最保险的做法是由男士来埋单。

凭什么一定要男人埋单？有一些男士心里肯定愤愤不平。

据某相亲网站的调查数据，68% 的女会员明确表示第一次约会不愿意埋单的男人会被淘汰；而男人主动提出 AA 制的话，76% 的女会员表示她也可以付钱，但会对这个男人的好感大打折扣，13% 的女会员表示她宁可自己把钱全都付了，11% 的女会员表示 AA 制可以接受，愿意继续考察。

26 岁的王先生：

虽然一顿饭的钱我还是拿得出的，但就是不明白为什么那些女孩子每次出来都要我埋单，好像男人埋单是天经地义似的。要是我想追的女孩子就不计较了，要是遇上不感冒的女人，我那钱不花得有点冤枉？

24 岁的董先生：

不管在什么情况下都应该是 AA 制才对。不是说要男女平等吗？如果现在还要男人埋单的话，那女人不是自己在瞧不起自己吗？

28 岁的谢先生：

谁埋单这事有那么重要吗？真搞不懂，女人脑子里装的都是啥。一位女同事，在公司茶水间极尽讥讽与不屑地说，刚才跟她牵手的男友在约会时竟然真的接受了她提出的 AA 制的建议，于是那次约会便成了他们的最后一次。

女人脑子里装的是什么？女人脑子里装的是一个预设程序：不为自己埋单的男人不能嫁。

事实上，女人偶尔也有冲动想帮你埋单——一名女会员说道："我也不习惯占人便宜，平时跟朋友出去都会很自觉 AA 制的，但不知道为什么跟男人出去约会，就完全想不起要去结账。"——只是，经过千万年的进化，女人已经继承了女性祖先的择偶策略，只会嫁给肯为自己"投资"的男性。进化心理学家指出，男性和女性的生理差异，使得男女在择偶过程中进化出不同的策略。男性一生中可以释放海量的精子，而女性一生中只能排出有限的卵子，相对而言，女性拥有的生育资源更加宝贵，并且女性生育一个后代前后至少要消耗一年的时间，于是，女性在择偶中会采取更保守的策略，她会对男人精挑细选，确保有能力并且愿意持续为自己提供哺育子女的男人才会被选中。这个选择的机制就如同一道预设的程序，运行在女人的基因里。于是，主动为女人效劳的男人在女人眼中更有魅力，即俗称的“绅士”。于是，女人对不主动埋单的男人没有好感，纯属自然反应。

现在，如果要再次回答这个问题：到底是富翁随手可以拿出的一百万有价值，还是穷小子身上最后一个铜板可贵呢？我想，女人大概会觉得“富翁身上最后的一百万”最吸引人。一个既有能力又肯为自己付出的男人，那是女人心底渴望的理想对象。

给各位的约会建议

1. 男士如果不确定对方是否是自己要追求的对象，第一次约会要选择不超出自己经济能力的场所。一般来说，干净又安静的普通餐厅或者零成本的公园都比较合适。

2. 第一次以后的约会，男女可以自觉遵守按3∶1的比例付账，即男士付费三次，女士付费一次，或者男士请吃饭、女士请吃零食等。

3. 女士最好不要付大部分的费用，到时候反倒会吓跑比较传统或者自尊心强的男士。

把人吓跑的“结婚狂”女人

到了结婚年龄的单身女人一出场就容易给男人压力，看男人的每一眼都让他感觉到你出来约会不可能只是玩玩的。但是，不管你多么想结婚，想要孩子，切记不要在最初的约会里提及婚礼、孩子、见家长这些字眼，不然就算有诚意找人结婚的男人也会被你第一次约会的“咄咄逼人”吓跑。

调查显示，第一次约会，男人最不愿意触及的话题前三位是：前女友（83%）、经济状况（64%）、结婚时间（59%）。

32岁的徐先生：她们为什么都急着提结婚

我一直渴望爱情，希望与优秀的女性谈恋爱，可是我跟几个女孩子见面后，发现在她们的目光里，找我索要的都是同一样东西——婚姻，这令我十分害怕。

虽然我也想，假如合适会结婚，但是，我感觉她们那股认真劲儿带给我吃不消的压力。她们也许对我的期望太高，我害怕交往下去假如我不能达到她们的期望，跟她们约会我简直就是在浪费她们的时间。那样我会有愧疚感，我不想亏欠谁，尤其是女人。

首先，因为你们才开始第一次约会，还只是陌生人，人们对不熟悉的人本来就设有防线，假如遇到一个才认识就谈及许多深入问题的陌生人，一般人的防范心理会自动加强，接着内心会对此陌生人产生一种莫名的抗拒。

而自然发生的关系，通常开始于一些浅显信息的交流——“随意聊天”，再渐渐地转向有更深入意义的交谈。心理学中的“社交渗透理论”认为，人际关系的发展是与交流的系统性变化紧密相连的，而初次见面的人可能只能随意地交谈少数的、非个人化的问题，如“您是哪儿的人”、“你的专业是什么”，不过如果这类表层的问题得到回报时，他们可能会通过增加广度（他们所谈论话题的多样性）和深度（他们所谈论话题的个人意义）两方面的交流来进一步接近彼此。

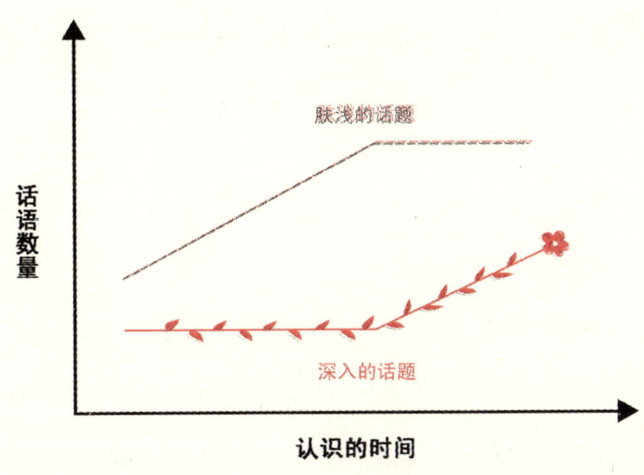

如图所示（楔形先变宽再变深），在关系开始阶段，人们交谈时，在开始比较私人的内容之前，先谈论许多不同的肤浅（公众）话题，然后建立了信任感，双方之间深入的话题数量会逐渐变多。

所以，如果一开始就提及“结婚”、“孩子”或“见家长”等过于深入又敏感的问题，容易令男人产生戒备心理：她只是一心找个人结婚而已，连我是谁都不重要。

另一个更深入的原因是，男人天生就害怕失去自由。男人在生理上就有着追逐自由的天然优势，他们一生中可以生龙活虎地结识女人的时限是女人的三倍，同时，他们不负责怀孕这一点，又迫使他们采取到处留情的策略。早在狩猎时代，男性的祖先就有两手准备，一方面尽量发挥自己的生理优势来广播良种，对交往的女人数量从来都不会嫌多；另一方面，考虑到有质量保证，男人会选择固定对一部分女人（妻和妾）投入资源，以确保自己的后代健康成长。所以，结婚对他们来说只是另一手准备。而在文明社会，男人结婚或许多了一点必要，就是让自己过得更加体面，或者说承担一种社会责任。

因此，在男人没有爱上女人的时候，假如女人给男人巨大的压力，那么，男人只会选择保留自己的自由，而不会为女人安定下来，男人甚至会对一个最初有点心动的女人顿时失去感觉。

约会迟到，女人天生的特权

女人似乎有一条不成文的规定：约会时要迟到。

26 岁的韩先生：她约会迟到了一小时

认识她大半个月以后，我决定单独约她出来玩。约会当天，我提前 30 分钟就到了约会地点，满心欢喜地期待着她的出现。还有几分钟就两点钟了，想到她马上就要出现，我的心开始变得有些兴奋，还有些莫名的紧张。

可是到点了，她没有出现，难道她放我鸽子？我拨通她的电话，她说：“不好意思，我家漏水，师傅还在修水管呢，你等 20 分钟吧。”

我心里想：噢，看在她那么可爱的份上，再等等吧。

20 分钟后，她还没出现。我去电，她说水管修好了，在路上，可能还要顺便交个房租，让我再等 10 分钟。

足足等了一小时，她才出现。我当时感觉心里有点堵，怀疑她是不是对自己没意思，怎么一点都不重视。不过见到人了还是兴奋压过了不爽。

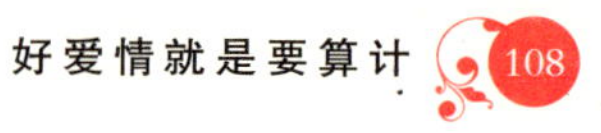

后来的约会她每次都姗姗来迟，少则几分钟，多则个把小时，这等她出现的过程比失眠的漫漫长夜还难熬啊！

据某相亲网站的一项调查数据，83% 的女会员约会前都出现过要迟到的想法，而有 68% 的女人则实施过约会故意迟到的行为；而男会员中仅有 6% 有过故意迟到的想法。

迟到不是女人的天性，上班迟到的可是男人比女人还多。那为什么女人约会要迟到呢？因为女人考验男人的方法就是让男人等。

迟到能够显示出自己在这段关系中的主动地位，强调自己被追求的地位。另外，女性从迟到时男人的表情或语言中，可以看出自己在男友心中的位置，以此来获得被重视的心理满足。

心理学家让－皮埃尔·温特（Jean–Pierre Winter）指出：迟到有多种不同含义，却有一个共同点，就是迟到者让自己因迟到而“引人注目”，迟到者以迟到来向对方示意“我的地位比你高”。毋庸置疑，等待的一方会不断地想到被等待的一方。所以，在约会中，迟到者是在做一种诱惑的游戏。女人在与情人约会时总要迟到，就是令男人不得不反复想她，脑海里重复出现对她的期待。

事实上，男人和女人在约会中都有可能玩这种把戏，只不过玩迟到的男人是经过后天学习的，比如参加“坏男人学习班”以后，男人伪装成爱情中的猎物迷惑好胜的女人反过来追逐他。而女人玩的这种游戏，则是从女性祖先那里继承得来的一种习性。

早在原始时代，女人就深知自己身上怀有宝贵资源，限量的女性配子总是比无限量的男性配子更金贵。由于社会分工的原因，在狩猎时代，女人很大程度上依赖男人提供生存物资，女人要寻找愿意持续对自己付出的“好丈夫”，于是男人对女人的耐性就成为十分重要的考验对象。今天的女人喜欢迟到，那是祖先送给她们的礼物，她们知道自己有多金贵，男人就需要多有耐性。而且，一样东西等得越久，越让人觉得价值连城，于是也越想拥有。这大概就是为什么总有个声音不断提醒女人：急着发生关系的男人肯定不是那个想娶你的人。而用27岁的罗小姐的话来说就是：对我有多动心，男人就多有耐性；反之，如果连等我半小时的耐心都没有，我如何指望这个男人能等我一生呢？

所以，建议男人们也不要太计较等的那点儿时间，最初的约会用“守时和守信”来要求一个女人是不现实的，这很有可能让你失去和她下一次约会的机会。不过，虽然说这不失为一种考验男人十分方便又快捷的方法，但是女人迟到还需要依照对方的脾气以及两人关系发展的阶段而定。有些男人可以忍受几分钟，有些忍耐极限是半小时。而当两个人已经进入稳定的恋爱关系，总是迟到会被男人归结为个人品质问题：没有时间观念，咱俩可能不太合适。

忽冷忽热的男人都在想什么

男人跟女人最初认识到一段时间，忽冷忽热的情况十分常见。女人被这种阶段的男人折腾得快要发疯，于是我的邮箱里每天都不会缺这类问题。

24岁的张小姐：忽冷忽热的他

认识了一个男生，在网上聊了一段时间后，每天都要给我打电话聊到深夜，无所不谈。热了一个星期，他突然消失了，十余天后又出现，通几次电话后又消失了。上个月在他的强烈要求下，和他见了一面，印象不错，接着约会了几次，现在又消失了。也从来不解释，不知道男人这是什么意思？

28岁的萧小姐：他在耍我吗

和他交往一个月以后，他经常不接我的电话。不管我发短信还是打电话，都石沉大海，没有一点响应。有时，为了忘掉这样的男人，我就删除他的电话号码，但我快要忘记他的时候，他的号码又会出现在手机屏幕上。他总是时而说忙，时而若无其事地又和我联系。我还要继续等待这种男人吗？

男人为什么如此飘忽不定？莫非他们都是行走江湖的大侠身不由己，或是云浮四海的半仙神龙见首不见尾？

在这种情况下，纠结中的女人会不断地问：这个男人到底喜不喜欢我？但是很快就会自我安慰：要是不喜欢我，怎么可能还会和我联络？而比较刚烈的女人，可能就会快刀斩乱麻，直接把这个男人判处“无期徒刑”。正如26岁的甄小姐所说：男人太飘忽，没什么责任心，再怎么样我也不稀罕跟他继续浪费时间。

忽冷忽热的男人都是怎么想的呢？

31岁的马先生：管的是一个“池塘”，实在忙不过来

是个男人都不会急着在一棵树上吊死。而为了方便管理自己的“池塘”，男人可能会每隔一个月打一次电话，好节省精力。

36岁的刘先生：说明还没看准，不会太快投资

和股票一样，只有大量投资或者期待得到暴利时，他们才会精心打理，时刻留意走势。跟女人刚接触的时候，其实相当于观察阶段，还不一定要往上面放钱呢。

26岁的赵先生：估计只是玩玩

那个男人不一定喜欢这个女人，只是这个女人随叫随到，男人也乐得没事找她玩玩。

29岁的霍先生：只是有点喜欢

对女孩子如果没有确定十分喜欢，很快就忘了。偶尔想起来，就又联系下，比较随意的。男人认识朋友是很平常的事，每天都可能认识新的面孔。

我们发现，这种情况大部分是男人对某个女人还不确定，还没认真开始，假如一个男人同一段时间认识了好几个女孩，那他就是在“管理池塘”而已。也许，大家会认为这种做法就是“坏男人”的做法，但事实上非到不得已或者确实喜欢、已经没有多余精力，一般男人很少会自觉把自己捆在一个女人身上。虽然若即若离的做法有一部分是“坏男人学堂”教出来的花招，但是有的好男人同样也会忽冷忽热，他们在寻找一种最舒服的感觉。据说，男人考验女人的方法就是远走高飞，这话还真不假。

进化心理学家指出，男人和女人由于生理的差异，为了更好地适应生存和繁衍后代，男女各演化出不同的择偶策略。男人一生适宜繁殖时间相对不受限制，并且不负责怀孕，而他需要解决的主要问题是：如何确定女人生的孩子是自己的，如何让自己投入的资源物超所值。于是，男人在选择妻子的时候，首先会十分看重妻子的生育能力，女人是否身体健康，是否也能提供优秀的基因，另外还需要考察女人是否对自己忠贞。

那么，怎么考察女人是否符合妻子的特征呢？

想象一下，狩猎时代的男人都是怎么样的。男人成群结队定期到野外狩猎，偶尔回聚居地才有机会结识女人。他们跟女人相处的时间可能只有几天，不久又要外出狩猎了。下次狩猎回来，已经寂寞了好些天的男人，心里惦记的是谁，回来就迫不及待地想见到谁。这么一次又一次重复，最后总在脑子里忘不掉的那个，便是他最喜欢的一个。今天的男人多少还是继承了他们伟大祖先的优秀基因，所以他们筛选长期交往对象的办法看上去还是这么原始而没有逻辑。

于是，身为女人的你，需要做的只是自顾自过好自己的生活。你越是不那么急着去扰乱男人的爱情“逻辑”，越是不去好奇他们为什么总要隔一段时间不联系你而鲁莽地打去电话，那么你就越有可能赢得他自动来找你。你若无其事、目空一切的表现就是最令“飘忽”男人折服的秘方。心理学家也发现，两性之间有一种特殊的调情心理，必须若即若离，雌性让雄性永远保持在一种快要追到手、又似乎完全无法掌控的心理中，这样雄性才会对雌性一直保持追逐的热情。否则，太容易上手了，雄性很快会觉得你索然无味。

所以，女人切忌编出任何理由说服自己去联系一个还在忽冷忽热阶段的男人，那最直接的结果只能是，他对你原有的热情大减。

养宠物的男人为什么有魅力

男人身上带什么会变得更英俊？

有人说是名牌腕表，它代表男人的品位；有人说是信用卡，宽裕的时候它展现了男性的风度，拮据的时候它包容了男人的面子；有人说是名片，名片是最好的自荐，一张名片就显示了身份和地位……

而事实上，只要男人身上带上一只宠物，自然就会引来不少异性的目光。借宠物追女孩的成功案例比比皆是，且屡试不爽。一边遛狗一边玩游戏，男人忽然把飞盘不小心（多半是故意的）扔到了路上一个清纯女生的自行车后座上，宠物狗善解人意地狂追过去，最后女孩子暧昧地把飞盘还给了男主角。可见，一只训练有素的宠物，对一个男人是多么的重要。

养宠物的男人为什么会有如此神奇的吸引力？那得先问问为

什么女人见到小猫小狗就特别兴奋了。

“追求女人”和“宠物”，让我自然地想起电影《爱情呼叫转移》里让人爆笑的一场艳遇。李苗这个养狗的单身女，选男友也要问形影不离的宠物狗舒伯特的意见：“你对外面叔叔的印象怎么样？”她时刻关注宠物狗对徐朗的态度。当一段正在萌芽的感情发展成人狗大战后，她便毫不犹豫地打发走了徐朗。

你可能觉得这女人有怪癖，要你的地位连狗都不如，你打死也不干。但是，不管你愿意不愿意，女人就是爱宠物。更重要的是，女人通过男人对小宠物的态度，会下意识地给他打分。女人假如见到你对小孩或宠物没有耐性、没有爱心，就如同嗅到你不适合当孩子他爹的味道，对你自然没啥好感。

所以，带宠物上街的男人很自然就能吸引无数女人的注意，无形中男人魅力大增。

说到本质上，其实是男人顾家的品质使他更有魅力。早在狩猎时代，由于种种原因，女人需要依赖男人提供生存和养育后代的物资，聪明女人挑选合适的丈夫的时候，除了看他能“挣来”充足的物资以外，还十分看重他是否爱小孩，是否乐意为家人投入。现代女人遗传了这些择偶偏好，即便男女平等大喊了许多年，女人依然无法抗拒顾家男人的魅力，也依然喜欢考察男人对小动物有无爱心。

34 岁的王小姐：顾家的男人才叫男人

我是一名妇产科医生，我感到爱妻子、爱孩子的男人才有魅力。我接待过一名年轻的产妇，她长时间在医院保胎，虽然住的是最贵的房间，但她丈夫极少来看她，只有小保姆相伴。直到她剖腹产，丈夫也不在身边。据说这位丈夫生意做得很大，忙到连当爸爸都顾不上了。后来这个年轻的妈妈得了产后抑郁症。在我看来，那些住普通房间的产妇比这个女人幸福得多。那些赶也赶不走的产妇的先生比这位阔老公更有魅力。

所以建议约会的男士：无论你平时多么不屑去养宠物，跟女孩子一起的时候，要是见到小猫、小狗或小孩，你装也要装出一副关心而温柔的模样。

通过宠物看男人的品质

狗狗特质：忠诚、勤快、友善。养狗的他：道德与责任并重。

猫咪特质：温柔、慵懒、灵活。养猫的他：温柔与冷淡共存。

蜥蜴特质：属冷血动物，特立独行。养蜥蜴的他：智商高，情商低。

鱼的特质：喜欢大自然，自由、休闲。养鱼的他：向往浪漫，崇尚自由。

男人对会说“不”的女人更动心

约会时，乖乖女从来不说“不”

两人约会，男人问：“平时喜欢吃西餐还是中餐？”

女人：“你介绍吧，我无所谓。”

男人：“我们去试一下法国菜吧。”

女人：“看你。”

点菜的时候，男人问：“你喜欢香炸还是烧烤的？”

女人：“都行。”

男人：“给你点份牛扒吧，八成熟怎么样？”

女人：“随便。”

男人彻底无语。心里坏坏地想：难道你连什么都不会拒绝？

很多时候，人们习惯以“随便”来表示客气和尊重，结果却在无形中加重了对方的心理负担。为了不至于拍错马屁，听的人开始不断猜测对方到底怎么想。倘若这种对方出于客气的“随便”没有引起听者足够的重视，对方就开始自觉委屈，愤愤不平起来。

在亲密关系中，男人大都希望自己有能耐取悦女人，男人要证明自己的努力能让女人满意，感到幸福，那是男人恋爱的重要回报（需要）。“随便”表达的是什么意思？女人以为这可以传达对男人的决定的尊重和信赖，但事实上男人会理解为：女人没有满意。于是重复的“随便”不断加强男人的挫败感。而且，男人的大脑接收到“随便”的信号无异于接受到否定的信号，时间长了还可能产生不良的生理反应：我也不想说话了！

心理学家发现，当大脑接收到否定回答的信号时，无论是关于什么的否定回答，它都会产生身体上的生理反应，同时也会产生一种防御式的、自我保护式和自闭的意识。而肯定的回答却能促使人呼吸顺畅、血压平稳、心跳稳定，这些都会使你身体更加健康，思维更加活跃。

据某相亲网站调查，84.63% 的女性认为男人都喜欢自己的女朋友顺从他。其实，56.25% 的男性不喜欢自己的女朋友太过顺从或依赖。初次约会的女人总是说“随便”、“都行”、“看你”时，男人的内心其实正饱受挫败感：

62%：我做的都没能让她满意。

45%：我做错什么了？

23%：对我不感兴趣。

21%：她想结束约会没找到理由。

11%：被逼跟我约会？

而且，事实上，男人对会说“不”的女人更加爱不释手。为什么？首先，是因为会说“不”的女人更具挑战性。在两性关系中，男人天生具有强烈的征服欲望，他更享受追逐女人，如同追逐猎物一样，越是有难度他便越想要，并乐在其中。其次，男人更愿意把能独立生存的女人娶回家。没有男人想当女人的保姆，男人虽然愿意让女人依靠，但是假如女人离开他就什么事情都不能做，这会让他有想逃跑的冲动。试问，男人哪会放心把家人和孩子交给一个不会说“不”的女人呢？

所以，女人不要说“随便”，要说“喜欢”——当对方真心诚意地想为你付出时，坦率而大方地告诉对方你喜欢他为你做什么，例如，男人说去吃川菜，女人可以告诉他：“我比较喜欢吃不太辣的东西。”男人的大脑就产生让人愉快的物质，不但约会能更顺利地进行，还大大提升了双方的好感度。并且，女人要学会在约会中不时故意“拒绝”男人，让他知道你不是个轻易得手的女人，摆出姿态让男人“急不可耐”才是王道。因为，无论进化得看起来多文明的男人，骨子里都是彻头彻尾的沙文主义者，千万要让他始终保持对你的捕获兴趣。

女人爱打扮，却希望男人不爱自己的“色”

男人知道，要恭维漂亮女人，假如夸她长得漂亮，那只能是锦上添花。要让漂亮女人记住你，多夸她多么有智慧，则能瞬间在漂亮女人心里留下印象。为什么？因为漂亮女人对夸她漂亮的言辞早已麻木，她更渴望别人来欣赏她的个性。漂亮女人不仅对夸她外表的男人视而不见，在感情的路上，她更是厌倦甚至害怕男人爱的只是她的外表或她的身体。

感情经历简单的女人经常会问：怎样看出一个男人只是为了要一个女孩的身体，而不是真心喜欢她？而有些用心良苦的女人更是千方百计来考验男人，想弄清楚男人爱的是自己还是自己的身体。

31岁的郭小姐：他真这么能忍吗？

我们恋爱两个月了，他丝毫没有像其他男人那样急着要发生关系。我过生日那天，我喝了很多酒，然后他把我送回家。后来我们就互相吻着对方，可是过了一会儿他竟然拒绝了我。说他喜欢我并不是喜欢我的身体，他感觉现在还不该这样。等到第二天醒来我看见他穿得整整齐齐睡在对面的沙发上。我怕他是装出来的，所以又试了几次，可每次他都拒绝。他对我细心、体贴，百依百顺，可是我真的不相信会有这种男人。还有他有时看到我和别人说笑什么的就会生气，小心眼和我闹别扭。像他这样的到底是真心喜欢我的吗？

这个女士太可爱了，男人肯定知道女人更喜欢不乘人之危的

“正人君子”，从这么点小事上看，事实上也不能分辨男人爱的是你的身体还是你这个人。而且，爱情的萌生，从来离不开性的吸引。爱情的三要素理论指出，完整的爱情包含激情、友情和亲情三种要素。男女相识相互吸引，一见钟情的时刻，主要由激情成分主导，即包含更多生理上的吸引因素。对男人来说，看女人的第一眼必定是瞄上女人的外貌或者外在气质，当感觉对了，随后才有所谓性格合适不合适、相处愉快不愉快的问题。爱女人的身体，这似乎是大部分男人都会默认的事。

为什么有些女人还是天真甚至执著地认为世界上有“不好色”的男人，并且非要找这样的男人呢？那是出于一种恐惧。漂亮的容貌是一种随着时间贬值的资产，从遥远的古代开始，女性祖先就深知在情场上身体是自己的基础资本。女人爱漂亮，爱穿高跟鞋，喜欢露长腿，这一切臭美的行为都发生在诱惑男人的下意识里，而不仅仅是在取悦自己。但是，女性祖先出于怀胎十月、生产和哺育过程消耗巨大的这种特殊原因，都希望男人愿意停留在自己身边，持续为自己投入各种资源，因此，她们都不希望单凭易逝的青春来留住男人。于是，女人进化到今天总是谈论感情，希望男人舍不得离开自己的感情，这叫做男人爱的是自己这个人，而不是迷人的身体。

男人的薪水就像女人的年龄，都是秘密

《非诚勿扰》初期，由马诺、朱真芳等“宝马女”、“拜金女”引起的社会舆论至今还尚未完全平息，她们的“嚣张”姿态尤其惹起男人们的痛恨。有些评论家说，其实浮躁物质的社会现实就是这样，女人嫁人要求房子和车子那也是人之常情，心理不平衡的都是那些穷男人，男人有钱之后才不管这些事，尽管让美女都自动贴上来。但事实上，男人有钱更加会提防女人爱上他的钱而不是他的人，如同女人漂亮会尤其害怕男人只爱她的身体一样。

28 岁的何小姐：神秘男友从来不透露他的职业和收入

我跟他认识一年多了，是相亲认识的，相处的过程中感觉他漫不经心，只是每天打个电话，如同例行公事一般，丝毫感觉不到任何激情。今年春节，他突然联系我说“结婚吧”，我很惊讶，问他为什么。他说他想通了。可是我总感觉与他有隔阂，问他具体做什么工作他也不说，月收入也不告诉我，我说哪有人谈恋爱不知道男朋友收入是多少的？他说他例外，结婚以后他可以说，但现在不能。而且，在他身上感受不到对女朋友的宠爱、体贴和照顾，只是很平淡的感觉。他要在今年五一节带我去他家见他父母。我该怎么办呢？我28岁了，没有太多的时间去等待一个人……

大家猜，案例中的神秘男友到底是个穷小子还是有钱人？抑或是故弄玄虚？这是个谜。估计要等何小姐结婚了才知晓一二，极端的情况还可能是到何小姐当上妈妈了也不清楚这个神秘男人有多少家财。但是，一般人都会倾向猜测这个神秘男友收入不菲，只是提防招来贪钱的女友，而对工作收入避而不谈。

据调查，约会中男人最讨厌的问题是：你买房子了吗？其次是：你现在的月收入是多少？

“你现在买房子了吗”被高达50%以上的男人选为“最讨厌的问题”。而在月收入超过一万元的男会员之中，这个比例更是高达66%。

这个调查结果刚出炉时，

初次约会中，女人提出的最让男人反感的十个问题依次如下：

1.你现在买房子了吗？
2.你现在的月收入是多少？
3.你谈过多少个女朋友？
4.你觉得我长得漂亮吗？
5.你曾经和别的女人同居过吗？
6.你愿意经常做家务吗？
7.你会经常做饭吗？
8.你的身体完全健康吗？
9.你介意我年龄比你大吗？
10.你介意我曾有过男朋友吗？

我发给一位大龄女性朋友看，得到愤愤不平的回复："你们男人怎么好意思？要求女人年轻漂亮就理所当然，女人问问房子就受不了？"

为什么男人明明乐于凭借一身富贵收罗各式美女以彰显自己的魅力，但同时又对女人"喜欢他富有"这么介意？而且，越是有身家的男人，特别是那些白手起家的成功人士，越是介意这些"杀手问题"。因为，他们清楚自己的价值不在于那座房子和收入，他们希望找到真正懂得欣赏自己的女人。这些白手起家的男人，在年轻时大都因为穷而得不到自己的爱情——无疑就是说单靠我这个男人本身，一点都不值得女人爱。现在有资本了，更希望寻找"纯粹的爱情"，一雪前耻，找回自尊。

37岁的赵先生：很难忘记那些因为见不到钱而抛弃我的前女友

我年龄渐长，性格、爱好、长相都没有变化，为何现在这么多女人自己贴过来？而偶尔想想前女友一个个都把我遗弃在茫茫人海之中，她们明显爱的是钱而不是我。问过身边几个男人，他们都承认，现在有钱有车有社会地位了，偶尔也会想，如果当年自己也什么都有，估计那些"前女友"就不会离开自己了，但是那也仅限于想想，我也不会再要她们了。

只是，问题并没有那么简单，“纯粹的爱情”事实上也不纯粹。记得一对青梅竹马的夫妻回忆往事时说：当时，她就是看上我学习成绩好，是班里数一数二的尖子生；当时，他就是看我是城里来的女生，穿一身漂亮的小裙子。看，爱情，永远都是带有条件的！但人们为什么就不觉得男人对漂亮女人情不自禁，女人爱慕尖子生就是不纯洁的爱情呢？这最后也许只能归咎于人的认知盲点，人这种带有情绪的生物，绝对客观是不可能的。

既然男人都那么介意这个问题，而且越是成功的男人越精明，一眼就能看穿谁是冲着钱来的，那么，女人与这样精明的男人约会，第一次约会最好的问题，就是一切与利益没有关系的问题：你喜欢看什么电影？你喜欢什么运动？你业余时间有什么爱好？如果你在相亲中，忽然感到男人好像变沉默了，也不那么热情了，与你的眼神接触突然减少了。注意，这可都是“杀手问题”惹的祸，你最好赶紧换个话题。女人要知道男人的经济情况，最好的方法就是让男人自己心甘情愿地告诉你。有诚意的男人，终究会切入正题的。

恋爱时，男女之间那些纠结事

女人憧憬未来，男人只管现在

都说女人感情上慢热，男人更冲动，叫“热得快”，但是事实上，女人一旦热起来就容易深陷其中，甚至搞不清楚男人当时是什么状况，男人很多时候还在哪个不咸不淡的位置待着呢。

28岁的梁小姐：这是暧昧还是默认

前段时间在网上认识了一个比我大三岁的男人，见了面，感觉还可以。后来都说做好朋友，接下来也见了几次（包括看电影、吃饭），但是他却表现出和我像情侣的感觉，在我朋友面前也一样，人家都以为我们在恋爱。我很矛盾，不知道到底和他怎么办，还有因为他经常出差，也很少打电话给我。有时候，我真想到他公司看看他有多忙。但我好歹能忍，至多在网上24小时监视他的个人空间。

交往一段时间后，女人开始对男人牵肠挂肚，可是男人却不冷不热。那么，唯一可以说明的是，目前，你们的关系正处于不确定阶段。对男人而言，要成为他的女友要经历很长一段时间，要成为他的妻子更是极其漫长的过程。在这个男人不确定的阶段，男人成为最经典的“不拒绝、不承诺、不负责”的“三不”男人，于是被称为玩“暧昧”；而女人已经深陷其中，一天收不到男人的电话，就想利用一切资源来追查男人的行踪。

其实，男人最初向女人示好的时候，同样会遭遇这样的烦恼。男人在能够确定女人对自己有意思之前，都小心翼翼，没经验的更是胆战心惊，只好通过网络、电话来跟女人联系。这个阶段的男人也受着极大的煎熬，因为女人在慢热，男人在冲动。两性关系学专家曾经用一幅图来表示约会过程中男女投入程度的不同步现象。

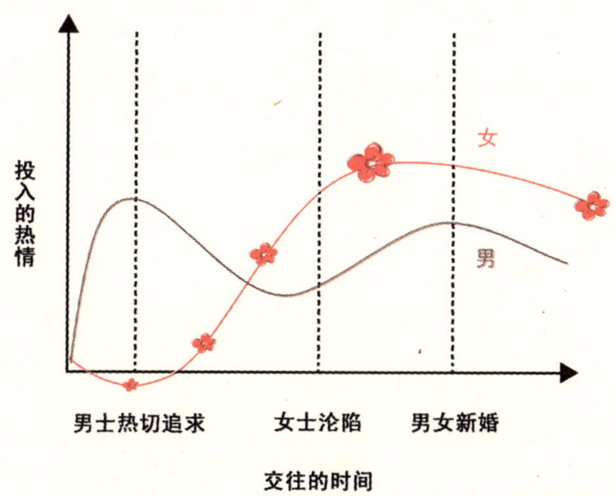

为什么男女的爱情轨迹总是不能同步呢？

因为，女人是“只与适合结婚的男人谈恋爱”，而男人却是“只要感觉喜欢就开始谈恋爱”。谈恋爱的时候，女人看重结果而男人享受过程。女人的感情更倾向直奔主题，看准了就希望“明天就要嫁给你啦”；而男人通常更注重享受此时此刻，很长一段时间都不会联想到结婚和“未来”。据说，男人说的“未来”通常是6个月到1年时间，而女人的定义则可以是10年到50年。当男人爱上一个女人，他只会幻想如何在短暂的未来与她亲密发展；女人则幻想到恋爱、结婚、生孩子，乃至如何白头到老。

大家有没有听过“苏格拉底的爱情观”，那其实不叫“爱情观”，只能叫“男人的爱情观”。他把寻找爱情比喻成拾麦穗，男人一边走一边看哪棵麦穗最大，结果走完一圈还没找到最大的一棵，因为他们每看到一棵大的麦穗都感觉很兴奋，却没打算这么快就选定一棵，“说不定前面还有更大的呢，不如再看看”。这确实十分符合男人的心态。想象一下遥远的狩猎时代，男人追逐女人的心态就像追逐猎物一样，看顺眼了不管三七二十一都要追，而最后是否非要执著地把哪头野兽捕获回家呢？说不准。男人为什么能这样，女人为什么就都那么认真去追逐天长地久的唯一爱情？因为男性的生理天生就具备自由的资本，结婚只是一生中一个需要解决的问题，而不是全部。

而女性则“被造物主选择了”适合女性生理特性的感情模式：相对专一而稳定。

既然女人是在陷入关系之后会比较感性，男人的一些关怀的细节就轻易让女人胡思乱想，而男人这时的忽冷忽热对女人的杀伤力尤为强大。为了保护好自己，也为了帮助原本有诚意的男人尽快从不确定阶段前进一步，那么，建议当女人遇上处于不确定阶段的男人时，冷静观察，以退为进。

某相亲网站的调查数据：87% 的女性在开始约会的几周，已经想象未来婚礼、家庭生活、孩子和婆媳关系等一系列景象；而仅有 19% 的男性会在约会前几周至多想到有关“孩子”的事。74% 的男性会在确定恋爱关系前希望同时约会超过三个女性而不确定喜欢谁更多；而 68% 的女性在约会前会想得十分细致，一旦开始约会，心里知道对方是目前最理想的一个。

1. 让对方“凉快”一段时间。比如说，他出差回来偶尔找找你，你可以推说约了其他朋友，下次再跟他出去。观察对方的反应，要是你冷落他几次都并没有引起特别反应，说明你们只是填补空当的朋友。因为尚在朋友关系的时候不会约束对方，但视对方为恋人后就有明显的排他性。要是对方紧张你，那么说明他还没拿定主意，你们有发展机会。

2. 要是对方根本没把你当女朋友，你要保护自己。朋友可以做，但不要超越界限。

3. 最重要的一点是，之所以矛盾，很大程度是因为你自己没拿定主意。那么，请你理清楚自己的思路：你会接受对方吗？

男人希望别的女人是鲜花，自己的女人是绿叶

不知道是不是中国特有的传统，见到其他女人，男人都巴不得她们穿低胸短裙或露肩露背装，如果是沙滩泳装就更举手赞成。但是，男人对自己的女人就死活不让露，领口宽一点都有意见。

刚确定恋爱关系的刘小姐：

跟他刚认识的时候，我穿什么他都说漂亮，记得第一次约会时，他还夸我身材好适合穿吊带裙呢。但是，跟他确定关系后，他总是很霸道地不允许我穿高跟鞋穿裙子出门，不喜欢我烫头发修眉毛，下班必须马上回家！

26 岁的张小姐：

我男朋友不许我穿领口大的衣服和超短裙，男人也这样无理取闹吗？

23 岁的司徒小姐：

他陪我逛街都喜欢那些可以把我包成粽子的款。

28 岁的李小姐：

我男朋友让买不让穿，说在家里可以穿。

男人在两性关系中，天生就那么自相矛盾。这跟他们采用的双重策略有很大关系。没错，男人都喜欢美女，谁都希望自己的女朋友越漂亮越好，好在哥们儿面前炫耀：看我的！但是辛苦追回来后，又开始担心女友太漂亮而让周围的人对其虎视眈眈。

一项调查数据显示，女性在确定恋爱关系后的一个月，花在服装和美容上的开销增幅平均超过 10%；而超过半数的女性表示会比未恋爱时更乐于尝试各种青春服饰，例如，超短裙和吊带露肩装。

可是，不管男人管得多严，女人天生爱漂亮，不会妥协。而且你会发现，恋爱的女人更加容光焕发，更加乐于打扮。

有人说，女为悦己者容，很正常。但你知道为什么吗？难道女人真的就只是为了取悦男朋友才越发变得性感？

原来，女人下意识地使用了祖先给留下的策略，来保护自己的基因。走过漫长的历史，女性的祖先早就深谙男人都是多情种，为了保证自己婚后获得源源不绝的资源哺育后代，女人自然有一套办法，像手握无形的红线牵着自由成性的风筝，让男人飞不走。其中最简单的一个招数，就是永不懈怠地追求美丽。现代女人，不会跟男人似的以为“上了钩的鱼就不用给鱼饵”，女人对上钩的男人会继续放鱼饵，而且本能地越爱越性感。她们上街穿得性感迷人，一是告诉男人自己仍然很有市场，二是继续保持对男人的吸引力，三是其实女人很体贴，知道让男人更有面子！所以，你会看到恋爱中的女人最美丽。

男人爱看美女，就像女人爱漂亮衣服

男人爱漂亮的女人，估计大家都不会有任何异议。不过要是自己的男人打望[①]美女，女人就不一定能释怀了。

27岁的李小姐：

和老公才结婚，之前没注意这些细节，现在发现他总是偷偷看美女，而且很嚣张，从脚看到头，背面看了，走到前面还要回头望一眼。我好歹也能见人，太伤我自尊心了。为

① 打望，重庆方言，原意为观望、观看某事物，现在专指“看美女”。

此我心里很不舒服，跟他赌气又没用，他总是说那只是看一眼，能有事吗？

刚确定恋爱关系的霍小姐：

他人比较外向热情，好奇心强，跟他一起在外面，他喜欢看小孩、美女，还有一些新鲜奇特的东西。但是他总是盯着美女看我实在受不了。昨天到公园玩，他盯着一个穿丝袜高跟鞋的女人看了好久，从远处走来他就盯上了，一直看到美女走到我们后面很长一段距离，眼神可以画一条长长的没有间断的弧线。那一刻我终于忍不住发脾气了！说实话，我也不是个不讲理的人，平常他随意看上两眼、赞美别人几句我都不会生气，但是我感觉昨天真是太受伤了，自己的女朋友站在身边，眼睛却直勾勾地盯着别人绕弯！

不知道多少女人一开始谈恋爱就要为“打望美女”这事烦恼。男人甲说：“正常，我当着老婆的面也要打望，不时调侃几句。我开车都要打望，看到背影美的，车开过了都要回头或者在后视镜里头看下正面！”

男人乙说：“三天不打望视力就下降……不打望的男人还叫男人吗？”

男人丙说："恭喜你，你老公（男朋友）不会得颈椎病了。"

男人们都知道，打望对他们来说是稀松平常的事，如见到红烧肉就嘴馋一样，纯粹自动反应，不过脑子。那么，到底为什么男人都爱打望街上的美女呢？

据调查，99% 的男性都会"扫描"街上的美女。81% 的男性表示打望街上美女的时候，没有任何具体的想法，只有 8% 的男性表示会拿女朋友跟大街上的美女比较，例如"我的女人要是有那双长腿就美死了"。

男人的眼睛总是跟着飘过的美女走，不能说明男人认为身边的女友不够漂亮，也不能说明这个男人就是色心大起、见异思迁，其实那是天生的。古代的男性负责狩猎，为适应长期的野外狩猎生活，男性进化形成发达的视觉系统和对周围环境的高度警惕性，这就是为什么男性辨别方向的能力、空间想象的能力都比女性高。所以，跟女朋友走在街上的时候，男人也本能地注意着周围的环境，一个美女飘过，两个美女飘过，就像觉察到丛林里的猎物，男人的眼光不由自主地跟着猎物跑。而且，科学家发现，男性看到漂亮的女性时，大脑快乐中枢会激起兴奋，感觉愉快。男人都会跟着美女跑，也许并没有打坏主意，只是领取免费的奖赏而已。据说，单单是看美女就能为男人延长寿命，这是零成本的养生习惯。

女性朋友，你们其实不必介怀。如果你看得开，你可以跟他一起打望美女和帅哥，从头到脚讨论一番。要是看到长得漂亮的，还可以主动喊他一起看。

如果实在受不了，教你最得力的一招：一跟他上街就穿得比街上的女人都性感迷人。那样，他恐怕只顾拦着挡着其他男人直勾勾的眼光，已经没有多余精力去打望美女了。到时候，被打望的该是你了。

女人喜欢倾诉，男人专爱插嘴

男人和女人像两块磁铁，一个在地球北极，一个在地球南极，也可以因为神奇的魔力互相吸引而碰撞在一起。但是，男人和女人一旦靠近，又会由于两性的差异而不可避免产生这样那样的摩擦，火花四溅。

为了参加同学的婚礼，小林特地买了套新衣服，想展现自己最好的一面。小林有两双鞋，一双红色的，一双银色的，她问男友高翔："老公，你觉得哪双配鞋我这套衣服好看？"——这个问题是每个男人都怕听到的。

高翔知道自己有麻烦了，“呃……只要你穿上，哪双都好看。”他只想避开地雷，有气无力地回答。她坚持要问：“那到底哪双穿起来比较好看……红色还是银色？”“红色。”高翔硬着头皮答。“那银色的有什么不好？你不一直都喜欢银色的鞋子！对不对？”高翔的肩膀垮了下来。他认为小林问他是希望他帮忙解决问题，可是当他解决了问题，她却不高兴了。

他们都无法理解对方的行为，开始怀疑：我们真的是同一种生物吗？

男友高翔问，女人为什么总有说不完的话，而且毫无重点？

女友小林问，男人为什么就不能认真听我说，总爱插嘴？

那是因为，女人说话的目的只是倾诉；而男人总以为要解决问题。

在遥远的狩猎时代，由于男人和女人的分工不同，男人和女人各自发展出一套说话做事的独特方式。负责狩猎的男人一天到晚跟着男人们外出丛林捕猎野兽，唯一需要完成的程序就是，瞄准捕猎目标，选择最短的路线，以最快的速度，准确地把猎物拿下。于是，男人练就了一种“目标取向”的性格，即男人擅长解决问题。男人之所以习惯沉默寡言，也与长期的狩猎生活有关。试想，一群男人在丛林里埋伏等候猎物出现的时间里，谁会那么没脑子说半句多余的废话，就怕猎物吓不跑？

而女人则负责留守家中，偶尔在附近采摘果子。成群的妇女绕着居住的洞穴和附近的灌木丛游走，一会儿带上篮子去采摘野果，一会儿带上小孩去溜达，唧唧喳喳说个不停，这就是群居生活。女人依赖人和人的联系过日子，以保证安全。于是，女人就练就了一口伶牙俐齿，总有说不完的话。并且她们习惯东家长西家短的，要不日子怎么过？脑神经科学大量研究结果也发现，女性掌管语言交流的大脑神经系统相对男性更加发达。

于是，你会见到，女人去洗手间都能不停地说，不是勾肩搭背地同时进去一直聊到出来，就是带上手机去一趟洗手间跟几个人无障碍通电话，甚至是，两个陌生女人进一趟洗手间后就成为无话不谈的密友。而男人去洗手间时，通常只为了一个理由，没有其他原因。要是一个男人跟另一个男人说："我要去上厕所，要不要和我一起去？"这铁定引起误会。

女人的语言系统如此发达，不难理解她们为什么话这么多，一旦有心事都会说出来，虽然说出来也未必能让烦恼的事情消失，这只是女人排解压力的习性。生活

女性较容易坦白心事，男人恰恰相反。遇到个人烦恼的时候，52% 的男性选择自己消化；21% 找个别好友倾诉，但不会说得很完整，总会给自己留最后一点面子；19% 会向妻子倾诉；18% 会选择找陌生网友排解。

中经常可以看到这样的场景：当女人倾诉完自己的苦恼以后，整个人都变得比刚才有精神了，心情也似乎好了很多。

但是，沉默了千年的男人却不能理解女人倾诉的意义：不解决问题，那说话有什么用？这就是男人的逻辑。于是，男人面对女人没完没了的话语，就无所适从。男人按男人们的思维方式，很多时候会以为女人是来寻求解决问题的方法，所以听到一半的时候就兴高采烈提建议，以为终于可以松一口气了，女人却不会领情。

矛盾就是这样产生的。那如何化解呢？很简单——男人倾听，女人倾诉，然后女人给男人一个大大的奖赏。

男人穷其一生都搞不懂女人在说什么

《非诚勿扰》女嘉宾许秀琴来自广州，发言总是“无厘头”，而且说不好普通话，虽然带了个翻译（蒋雨），大家还是经常听不懂她说话。听她说话，嘉宾和观众都常常笑得合不拢嘴。一些网友评论说：这个许秀琴连说话都不能让人听明白，怎么能当教师啊，还上电视节目？

那有什么好奇怪的，告诉你，如果你是女人，世界上几乎有一半人会经常听不懂你说话。尤其是处于恋爱关系中的女人，特别容易让男人摸不着头脑，她们说的话，如同外星人一样，没有“翻译”在场，估计男人无法听得懂。

一个恋爱中的男人：女人怎么说话要拐弯抹角

情人节，我和女友吃过晚餐后一起逛商场。她捧着我送的一大束玫瑰，一路上乐滋滋的，不时留意下周围有无投过来羡慕的眼神。在一家服装店，她东挑西选，一些衣服试了又试。我坐在角落的沙发安静地等，不时插一句：“喜欢哪件就买吧！”她好像自言自语地一边照镜子一边念：“这件……布料也不是特别好。”“这件吧，扣子颜色有点黄。”离开服装店后，我们经过一家精品店，门口挂着一个白色毛茸茸的玩偶。见她兴奋的样子，我就问：“喜欢这个吗？”她一边伸手去摸那个玩偶，一边回答：“我都这个岁数了，还小吗？”我看了看表，快十点了，就说：“那不买咱们就走吧，时间也不早了。”

在回家的路上，我突然发现她一直没说话，几经询问才知道她原来想要刚才那个大玩偶。

我有点急，说：“那你刚才怎么不说呢，我问你又不说？”

她火冒三丈：“我喜不喜欢你都看不出来吗？你一点都不了解我！成天没心没肺的！”

我心里一阵阵堵，真是冤！我又不是你肚子里的蛔虫！同时又回顾刚才逛服装店的时候，说不定她也看中哪件衣服没直说呢！

为什么故事中男人总是要问女人“你喜欢哪一个”，而女人总是抱怨男人“你一点都不了解我”？

原来，女人和女人在一起，习惯大量使用隐晦的语言，同时通过眼神、肢体动作等发出各式各样的暗号，即便这样，女人之间的交流也没有任何障碍。这让男人们佩服得五体投地。因为，他们无法理解像女人这样说话怎么还会有人能够听得懂。在女人的世界里，为别人挑选正合人意的物品是很平常的事。她们一起逛街时除了购物，时常会享受着额外的快乐，感受男人无法理解的“心有灵犀”的亲密：“你真了解我，我眼睛一眨你就知道我喜欢哪一件了。”而男人的世界则截然相反，要是某个男人擅自猜测男性朋友的心意，那肯定要引起旁人以为他们有“不寻常关系”的猜测。而且，在日常生活中，男人通常不会有猜对别人这类心意的兴趣，更不用说会认为自己能够猜测别人的心意。这是为什么呢？

原来，在遥远的古代，女人承担筑巢的责任，留守洞穴照顾老小，兼职到附近灌木林采摘野果；男人则承担外出丛林狩猎、提供食物的责任。在这样漫长的生活里，女人进化出更加发达的语言能力以及协调人际关系的能力。女人总是能说会道，说起话来像唱歌，从来不会因为太过直接而刺伤周围的人；同时，在哺育小孩的过程中，女人还进化出一种通过察言观色发现他人需求的特异功能，女人常常凭对方一个眼神、一个手势就能轻易猜到对方话里话外的用意。而在漫长的狩猎生活中，男人则进化出直来直去的沟通方式，因为在埋伏猎物的时候，男人不可能浪费时间东拉西扯地聊天，他们只会按照最简洁的方式进行交谈。于是，今天的女人也拥有女性祖先那样高度敏感的洞察力和发达的语言能力；而今天的男人依然采用直接明了的沟通方式。科学家也发现，女人的大脑就比男人的适合察言观色。通常右脑比左脑更擅长编码解码与表情、情绪等有关的信息，而女人将左脑信息传达给右脑的桥梁——胼胝体就比男人要完善得多。

所以，女人在对方没有直接说明的情况下，单靠面部表情或肢体语言也常常能猜到对方想要什么。但男人可没有女人的这种特异功能，也不习惯女人拐弯抹角的沟通方式。当男人不清楚女人想要什么，又不敢胡乱猜测的时候，便会直接问女人：“你喜欢哪一件？”

女人一听，就觉得十分委屈：“为什么跟自己最亲密的人还不如普通的女伴？”“看来男友一点都不了解我，并不很关心我。”

因为，女人以为男人也跟自己一样，只要男人对自己足够在意，就应该“心有灵犀”地知道自己的心意。

因此，男人和女人一起生活还会发生许多类似的矛盾。

男人见女人不对劲，问：“怎么了？心情不好吗？”

女人答：“没事。”

女人生气了，男人问：“谁惹你了，是我做错什么了吗？”

女人答：“你自己最清楚！”

这些都是不良的沟通方式。女人说“没事”，男人想当然会当真的没事。女人说“你自己最清楚”，男人会为自己开脱，心想“我没做错什么啊”。

给男人的建议：

1. 千万别把她类似“不许为我乱花钱”、“只要你心里想着我就好”、“都老夫老妻了还要什么新花样”等话当真。还是乖乖地牢记每个女人的每一个重要节日，好好准备礼物吧。

2. 练习观察对方的习惯，例如两件衣服之中，盯着看时间比较长的或者看的频率比较高的，而且回头再看的往往是喜欢又舍不得买；又例如一件小东西，嘴上说不喜欢，却拿着不放的就百分之九十九想要。遇到这种情况，你就偷偷跑回去买给她吧，她可能说你乱花钱，但心里肯定甜得不行了。

给女人的建议：

1. 女人与男人相处的时候，喜欢什么就直接说明，这会令男人感到特别轻松，并且觉得你与别人不同。

2. 其实，当男人主动来关心女人时，女人能把问题客观地摆出来，就是谈话最好的开始。

男人眨眨眼，女人就知道他想什么

为什么女人对星座、占卜、心理测试这些东西特别感兴趣，她们口中总是不时说到“凭我的直觉就知道”这样的话？而男人似乎没有这些特异功能，尽管男人爱撒谎，但男人撒谎往往容易露出马脚。仿佛女人有三头六臂或者是读心术，男人在她们面前，原形毕露，无法遮掩。

科学家发现，女人大脑的边缘皮质也往往大于男人，而边缘皮质的主要作用是管理情绪。通常右脑比左脑更擅长编码解码与表情、情绪等有关的信息，而且女人将左脑信息传达给右脑的桥梁——胼胝体就比男人要完善得多。男人的顶叶皮质则通常比女人大，顶叶皮质决定着空间思维能力和平衡能力。所以，女人的大脑就比男人的适合察言观色，而男人的方向感通常比较好；但是女人也不会迷路，因为她们有特殊的认路方式。

男人喜欢在脑子里收藏一张地图，给人指路时，会说：“沿着解放北路往北走，到了解放北路 235 号会见到一个十字路口，往右拐……”而女人却不怎么了解地图这种东西，她们给人指路时却会说：“你到公交站下车后，会见到一座粉红色的商场，然后你过马路，走到商场的附近，会见到一个地下通道的入口，你进去走到一家 711……”

女人认路的方式跟男人就这么大差异，经常是女人在给人指路，男人在旁边插嘴：你这样说，别人肯定会迷路的！但事实上，女人也不会迷路，女人听女人指路，通常也能顺利到达目的地。为什么呢？女人可能用的不是地图，而是她们所说的“直觉”或者叫“第六感”。

男人和女人为什么就会有这样的不同呢？这可以追溯到男女在漫长历史中的不同的生活经历。男人早期的狩猎经历，使他们的视野比较狭窄。他们喜欢顺着直线从 A 点直接到达 B 点，在野外狩猎的时候，瞄准目标，要求快而准，正如射击手一样，习惯注意力高度集中，工作时眼里只有野兽的身影，瞬间失聪，旁若无人。而女人的筑巢经历让她们的外围视野比男人要宽。女人在家要同时照顾到老小多至十几口少至三五口人，她们几乎每天都在留意各式各样的人的举动和需要并作出最恰到好处的反应，于是练就了高超的分心术，特别会察言观色，破解别人的身体语言密码。

这也就是为什么男人撒谎总逃不出女人的法眼。女人天生就拥有强大的“直觉”，不用听男人说什么，只要看男人的一个眼神、一个小动作，就能知道男人说的到底啥意思。这是沟通的最高境界!

男人喜欢狩猎，女人喜欢逛街

女人是天生的逛街动物似乎一点也不为过。我就逛街这一问题进行了一次调查，从结果来看，逛街对女人来说根本不能算是一种负担，连续逛几天都不会感觉累。而男人恐怕没多少真正喜欢跟女朋友逛街的。且不说要充当搬运工，单是足足 12 小时从城东逛到城西，杀价后不满意又折回城东，这已经可以把男人折腾到半死。

一名在商场服装卖场工作的销售员说，她工作的时候，有一大快乐就是看陪女人逛街的男人的滑稽模样。男人逛街似乎不是看衣服，眼睛总是跟着一边走过的标致小姑娘走。对女人问的“这件衣服怎样？”之类的问题，男人的回答永远都是“好看，好看”，同时眼神不知道往哪儿放。“男人一到我们店，第一时间总是搜索哪里有沙发椅子，他们最喜欢拿着报纸躲到角落的沙发上等……”

为什么男人和女人逛街的表现会有如此不同呢？这可能要追溯到狩猎时代。早在狩猎时代，女性就负责守巢，男性负责狩猎。在这样漫长的生活里，女人进化出持续逛街的超能力，某个女人记得某个地方有好吃的果实，于是一大群女人结伴而行，提着篮子随她来到灌木丛中东看看西走走。她们不需要具体的目标和方向，也没有时间限制。她们花上一整天的时间从一个地方逛到另一个地方，沿途用手挤、用鼻子嗅、用嘴尝试任何让她们感兴趣的果实。同时，她们唧唧喳喳地谈论着和采集毫不相关的话题。即使到了晚上还找不到可以采集的果实，她们也可以心安理得地空手回家，仍然觉得这一天过得很愉快。而在漫长的狩猎生活中，男人则进化出长时间沉默的耐力和高效行事方式，因为在伏击猎物的时候，男人不可能随意东拉西扯发出声音，猎杀野兽的过程也是一时半刻的时间，男人也没办法犹豫不决。而当他们狩猎了一整天后，带着猎物和一身疲劳回家，他们最喜欢的就是在洞穴里找块石头往上一坐，独自发呆。在以后漫长的岁月里，女性在社会上的责任分工也主要都是围绕家庭，所以女性自然要在逛街上投注比男性更多的时间。

一项调查显示，有76%的单身男人表示不经常逛街，频率是平均三个月一次。而在恋爱中的男性，表示跟女朋友交往一个月以后，逛街的时间可以抵过他过去几十年逛街时间的总和。其中，73%的男性表示他们宁愿独自待在一个固定的地方等女朋友逛完出来，62%的男性表示陪女朋友逛街最大的乐趣是欣赏旁边试衣服的美女。

所以，女人似乎天生就爱逛街，而且怎么逛都不累，提着她们一天搜罗回来的战利品，好比男人拖着猎物回山洞时的感觉，棒极了！而男人则更喜欢在五分钟的时间内完成购物计划，逛街的目的单一而明确，不还价不挑货。要求他们像女人一样逛街，那简直就是要他们的命，幸好，大商场都设有休息的沙发，男人总算能找个角落独自发呆去。

女人要缠绵，男人却要一步到位

男人在恋爱时急于生理上的亲近，女人在恋爱期间乐于心理上的亲近。所以，男人此时渴望对方裸露身体，女人此时渴望对方裸露心灵。这是个绝妙的讽刺。通常来说，恋爱中的男人是开心的。可是女人——那令男人开心的源泉——总是为这段关系而苦恼，到底自己的男人对自己是心满意足，还是时刻准备逃脱这段关系呢？也正因如此，女人总是让自己的男人谈论更多。

男人抱怨：谈论到快要断气了，谈自己的感觉？好好享受不更好吗？有什么东西能让一个心满意足的男人突然感到万念俱灰？那就是被女人强迫谈论自己的感觉了。

女人抱怨：我觉得我与男友的关系遇到了障碍。我们已经同居一个月了，开始的时候一切都是那么美好。可是现在，我感到这段关系开始变得淡然无味。他似乎只想跟我亲近，却不愿意跟我交流。难道我就是一个娱乐工具吗？

女人认为不谈论这段感情，那就意味着发生了问题，可是对于男人来说，事情刚好相反。如果不谈论，那就意味着已经很开心。而且，男人更习惯行动，而不是表达。男人认为他的行动已经足以传达他对女人的爱意，而不需要机械而苍白的语言。

女人擅长采用多种复杂的语法、隐喻和概念化如诗的语言，来表达她们的感觉。而男人则没有这样的天赋。于是，女人也更享受谈论感觉，而男人则只想没有废话而直达目标。

另外，男人和女人在性生活上也有不同的需求。女人总需要先缠绵一段，而男人却恨不得一步到位。为什么呢？因为女人需要确认男人对自己的感情才乐意付出自己的身体。由于男人和女人天生的生理差异，从原始时代开始，主要承担生育后代和照顾家人的女性祖先就演化出择偶的嗜好，她们需要确定愿意并且能持续为自己投入资源的男人做丈夫。而男人对自己的感情，则是女人认为可以让男人留在自己身边更长时间的因素。所以，女人需要事前的缠绵，而男人却没有这个需要。

让男人心甘情愿说出“我愿意”

恋爱中的女人常常抱怨男人不乐意谈感情。她们说：为什么对男人来说，说点我爱听的话那么难呢？我每年得到的都是“生日快乐”，从商店回家的五分钟路程中，他就想不出更好的话来对我说吗？更甚的是，他宁愿用一顿晚餐和演出来代替亲口表达爱意。

据一项调查数据，27% 的男人承认，他们不想分享自己的感觉，为此常常会与妻子或女友发生争执；65% 的男人表示不想他们的伴侣问过多关于自己的事情，他们习惯自己消化。

除此以外，女人一旦进入亲密关系，就总是期望听到男人不断的确定，确定男人的“爱”，确定她是男人的“唯一”，确定男人会跟她共创未来。而男人对于女人的期望，也总是不能满足。男人不乐意说“我爱你”，更不乐意承诺，越是看重承诺的男人，越是只字不提。这种与男人最初的热烈追求大相径庭的表现，总是让女人异常烦恼。而男人对女人的期望感觉压力很大，对女人“咄咄逼人”的行为更是无法忍受。

28 岁的赵先生：我“被安排”结婚

最近，她开始紧锣密鼓地张罗着把我介绍给她的家人，她家的老老小小似乎都已认定我就是她的未婚夫，并且开始催促我们择日结婚，她则喜滋滋地等着我的表态。这让我扫兴，我还没有想好结婚这事情，也没对她有过任何承诺，她没有与我商量，没有征得我的同意，就对我的终身作这样的安排，这显然是我不能接受的。而且，我自己清楚，心里还没产生要娶她的强烈愿望。

为什么女人要确定，男人却不想给承诺?

有的人会跟女人说，恋爱久了男人还不愿意娶你，不是因为他不够爱你，可能是他对婚姻有恐惧感，没有走进婚姻的思想准备。现代社会，离婚率急升，人们对婚姻不再信任。以前觉得有婚姻就能长久，能让对方一直陪在自己身边，可是现在各种诱惑遍布，不管男人或是女人都会抵挡不住诱惑而出轨。有时候男人见身边朋友结了婚又离婚，就开始恐惧婚姻了。

其实，恐婚症是假的。男人更多是因为害怕承诺，男人害怕要为自己的承诺负责任。结婚意味着承诺，意味着你要对这个人好，要好好待她，跟她一辈子在一起。这个承诺太长远，好比枷锁，把他绑住了，男人不想这么快搭上自己的一辈子。而不想负责任的细胞基本上和男性荷尔蒙一样，根生于男性基因之中（当然，差别是有些男人较多，有些男人较少而已）。

男人要为了一棵树而放弃整个森林，内心总是需要长时间的挣扎。

拜伦就说，爱情是女人生命的整个存在，而只是男人生命中的一部分。这个说法有一定道理。因为男人和女人天生的生理结构差异，决定了他们的社会分工不同，更重要的是在感情（择偶）这件事上采用了不同的策略。因此，男人即便爱上女人，也不一定会自动自觉有跟女人结婚的想法。这需要时间、适宜的条件和外界刺激，来激起男人结婚的念头。

除去男人自己的身心年龄是否成熟、男人的事业发展是否稳定等因素，怎样让男人自发要结婚呢？如果女人给男人巨大的压力，那么，男人只会选择保留自己的自由，而不会为女人安定下来，甚至会令亲密关系恶化。

其实，这时候，使用欲擒故纵的策略才会收到最大的效果。例如，女人多次暗示男人结婚的日程，男人还是没有反应。那么，女人可以尝试找理由疏远男人一段时间，例如出差、度假，或把跟他的约会改为与同学聚会。这样，男人的生活突然间冷清起来，于是也突然间感觉没有女朋友在身边的孤单，这种强烈的反差，很可能就激发男人要把女人锁住的想法。

“小手段”熄灭男人出轨念头

不知道为什么，男人要是出轨，女人至少有一半都会表示会尝试给男人一个机会回头；而女人出轨，男人称那为红杏出墙，即便女人及时改过自新，赔礼谢罪，甚至坦白一切，都得不到与出轨男人一样的待遇，最后，男人很可能会忍痛抛弃出轨的女人。

为什么在出轨这事上面，人们似乎对男人的态度更加宽容呢？

有人说，那些因为男强女弱的社会制度造成的。千年的封建社会，造成女人必须依赖男人生活，男人三妻四妾是稀松平常的事，男人花天酒地也不会被处刑。而女人守寡则被提倡，还奖励“贞节牌坊”，女人要是红杏出墙，可是要“浸猪笼”的！

其实，事情并没有那么黑暗。男人和女人在性这件事上，灵魂深处就有着更深一层的差异。

关于性和爱，每个男人的首选都是性；至于是否需要女朋友，则是后话。而每个女人则首先选择爱的感觉，至于是否需要跟男人有亲密接触，那则是后话。

据一项调查数据，92% 的男人表示，对曾经跟他们一夜情的女人，他们几乎连面孔都记不起来，而曾经发生一夜情的女人 74% 表示她们虽然已经有了新男友，但仍然记得那些男人的模样。

女人比较难把性和爱分开，而且据研究，女人一生都会受夺取她初夜的男人影响，不管从生理上还是心理上。于是，一旦女人出轨，那很大程度意味着女人的心都跟别的男人跑了，男人对此无法忍受。而男人则可以性爱分离，男人出轨，有时不一定用心，女人因而认为男人还有机会回头。

那为什么女人比较难把性和爱分开，而男人却可以呢？

按照进化心理学家的观点，男女天生的生理差异导致男人女人在两性关系上需求不同，在情场上表现也大不相同。早在原始时代，精力旺盛的男人在繁衍后代这件事上就采用了双重策略，一方面到处留情，广播良种；另一方面严格挑选三贞九烈的女人作为固定妻子，以确保精心供养最优秀的部分后代。而为生育消耗巨大的女人则采用了单一的策略，她们不容易分散精力，会精挑细选一个男人来做丈夫，而这个男人必须对自己有情有义，才会持续为家庭贡献资源。因此，经过千百年的进化，女人从骨子里就把性和爱看成一体，而男人的性则不一定与爱有关。

也正因为如此，女人通常比较矜持，问十个女人，有九个都不大乐意早早满足男朋友的性要求。我们也建议，女人最好把这事留在婚后奉献。否则，不幸来临的时候，女人的身心都损失惨重。

尽管有男士开始使用“三次约会原则”，如果女人三次还不肯就范，就彻底放弃。但最后和他结婚的，往往是打破三次规则的女人。所以，善于掌握性爱的女人，不让男人轻易越过最后一道防线的女人，更加能驾驭一个“花花公子”。

男人结婚看时间，女人结婚看表现

女人跟男人在结婚这事上，想法和表现总是不大相同。男人要不要结婚，主要凭自己的感觉，觉得想安定下来了，就结婚，而不是参照女人的表现。而女人要不要结婚，却偏偏主要参照男人的表现。

某位男士在订婚那天就来电话开玩笑地问："她说如果我什么事情都听她的，那么她就愿意嫁给我。你觉得我能答应她的要求吗？"

一位女士建议：当然要答应，不听老婆话的男人怎能当老公。没听过怕老婆的男人多数变富翁吗？

另一位男士支招：你回答她，只要不是影响到你原则的问题就可以听。

一项调查显示，88% 的男人表示愿意答应女人这样的要求，因为他们在整个恋爱过程中都记不起自己说过多少类似的话和答应过多少女人的"无理"要求了。

而且，男人向女人求婚，死皮赖脸这一招十分管用。

36 岁的罗先生：先搞定她家里的人就万事大吉

我的女朋友比较纯洁，人又善良又温柔。她对钱没什么概念，在我之前曾有好些条件很好、有房有车有事业的男生追求，都被她拒绝了。她也不爱逛街买衣服化妆品，平时就喜欢看看书、电影，花钱从不大手大脚。和她在一起时我总会想，我何德何能，怎么老天这么眷顾，这么幸运能拥有一位这么好的女孩子。于是，今年春节时我天天到她家里软磨硬泡，要她家里人同意把她嫁给我。我又查清楚她家里每一个成员的喜好，买了一大箱礼物，挨个把他们先收买。最后，禁不住我的软磨硬泡、花言巧语，她答应了。

许多女人在恋爱婚姻这种事情上，都喜欢征求别人的意见，家人朋友的意见当然为你提供了大大的方便。而且，女人还特别喜欢依据一些过来人的经验，来为自己的选择作参考。比如“男友做到了下面 50 条，你就可以答应嫁给他”之类的建议。

但是，女人对这种事情的细心程度十分惊人，有时候甚至谁负责洗袜子的细节都要写清楚，像个大律师在撰写合同一样小心而严谨。没有多少男人能够符合女人列出来的众多条件。其实，男人只要抓住关键，满足女人最心动的几条就离成功不远矣！

据某相亲网站的一项研究，最能打动女人心、最能吸引女人嫁给男人的前 10 条是：

1. 交一张信用卡给我。（85%）
2. 详细地同我规划未来十年的生活，包括孩子、家庭生活，还有财政大权。前提是你的计划让我认为靠谱。（74%）
3. 足够了解我，知道并照顾我的喜好，自动帮我处理我不喜欢做的事，例如洗衣服。（72%）
4. 对我的父母家人好，让他们都赞不绝口。（71%）
5. 为我戒掉至少一样我认为的不良嗜好。（68%）
6. 重要的日子都主动同我过。（65%）
7. 有心事会第一个同我讲。（59%）
8. 重要的事情第一个跟我商量。（57%）
9. 我身边的朋友都对你赞不绝口。（54%）
10. 保证手机的畅通，以便随时都能找到你。（54%）

怎样知道男人什么时候会求婚

恋爱谈久了，女人可能都会想这个问题：怎么知道男人对自己是认真的，有诚意跟自己结婚呢？

由于恋爱中的女人容易智力倒退，不少女人会以为男人对自己千依百顺，殷勤不断，热情似火，甚至口出狂言“要为你赴汤蹈火，在所不辞”，就是有诚意爱自己一辈子，有诚意把自己娶回家的男人。

但事实上，当一个男人面对一个看上去能够满足自己需求的女人，以其数万年来担任狩猎角色的原始本能，还有其内在的智慧判断，没有一个男人会笨到向一个吸引自己的女性直接表达：“我对你有性需求，请你跟我上床好吗？”这股性能量只会被升华，升华到不可察觉的状态，它会让男人突然变得专注、细心、体贴、温柔、善解人意、浪漫，想尽办法抽出时间陪伴对方（然而，多数男人不清楚这只不过是性能量罢了，会误以为自己爱上了对方）。

第一阶段狩猎过程终于登场了，男人如同原始狩猎者一般能够在风吹雨打、烈日暴晒中静静等候，只等待在最适合的时间射出一箭或投出一矛来捕获猎物。此时，女人是拥有控制权的一方，可得到男人的尊重、陪伴、倾听、细心的呵护，直到女人确定（以为）对方是真的爱她或有了婚约，于是就发生了亲密关系。但是，随后朝夕相对、柴米油盐的生活会让男人发现女人真实一面，任何一个活生生的女人都不可能完全符合他的幻想，于是男人与女人长相厮守的动力会消逝。

所以，已经交往到一定程度后，建议要真实地呈现你自己，不管你认为是正面的还是负面的，同时也鼓励、邀请对方真诚地呈现他自己，无论正面的还是负面的。如此，那一位乐意接受真实的你的人，才是真正有诚意的。

女人可以通过男人身上的以下信号，判断男人是否准备好结婚：

1. 制订很多长远计划，而且每一个里面都有你。（91% 的男性得票率）

例如，男人开始和你一起讨论购房、生育、养老等问题，那表示你们离结婚不远了。

2. 开始憧憬婚后生活。（89% 的男性得票率）

一想到每天早晨醒来，枕边会有一个人微笑地看着他，都会感觉很温暖。

3. 迷上你的怪癖，对你的缺点也习以为常。（71% 的男性得票率）

面对他想与之白头偕老的人，他会纵容你所有的习惯。即使是你淘气地揶揄或拿他逗乐，他也不以为然。

4. 不自觉地节省开销。（67% 的男性得票率）

他不再购买一些非生活必需品，花每一分钱都会精打细算，甚至开始计划婚礼的细枝末节。

5. 把你的家人当成自己的家人。(62% 的男性得票率)

不经意间，发现他非常关心你的家人，定期打电话问候或上门拜访，还会关心他们的衣食住行。

6. 不能再忍受单身生活。(59% 的男性得票率)

对从前热衷的单身派对已经提不起兴趣。无论身在何处，他总希望能有你陪伴。换句话说，他已经不能想象生活没有你将会是怎样一番光景。

7. 开始留意你的手指，留意什么戒指最适合你。(47% 的男性得票率)

逛首饰店是很多男人讨厌的事情，但他却乐在其中，还悉心地比较每一款戒指的样式。

据美国一项对 10000 名 25 岁男女追踪一生的研究，发现结婚使男性寿命延长七年，使女性寿命延长两年。看来，尽管通常逼婚的是女性，但是男性却从婚姻中获得更大的收益。

对付“恐婚男”，给他五个自由

实际上，男人的恐婚症本质上就是恐惧失去自由。要他敢于为你安定下来，那么你最好给他吃定心丸，暗示他，和你在一起，他依然拥有以下五个自由：

1. 交友自由

如果说“色”就是男人朝夕相对、同床同睡的老婆，而“友”是开裆裤朋友、大学同学、客户或某俱乐部同好的话，在心理层面来看，交友的自由对于男人的意义，关乎他们的价值观、社会关系等方面，其重要性比老婆不遑多让。

2. 独处自由

据某项来自英国的调查结果，超过七成的男子表示最无法忍受的是老婆的唠叨，他们因而无比怀念单身的美好时光。

单身的美好，无外乎就是想做什么就做什么的自由，哪怕他们将自己关在房间里一整天，只为修理一只坏掉的滑板。但两个人相处的婚姻，却令独处比登天还难。因为女人爱黏人是众所皆知的事。要是你能给他自由，那将是对他走入婚姻的莫大鼓励。

3. 经济自由

所以，虽然女人坚信抓住财政大权就相当于抓住了男人的三分之二，但是，这会使男人恐惧结婚后没有私房钱，在朋友面前无法装胖子。更高明的做法是，让他自觉把银行存折交给你，而不是早早告诉他必须这样做。

4. 爱好自由

一个有自己兴趣爱好的男人当然是有独特魅力的，不管他是喜欢琴棋书画，还是钓鱼打球，或是喜欢研究唐宋诗词、明清家具。如果他在婚姻中能够长久地保持着对自我爱好的热情，并且不被打扰甚至恶意阻碍，那么他对婚姻必会充满了感恩。

5. 野心自由

男人的野心是最宝贵的财富，将令男人永久地保持对生活的激情和期待，但同时这也是男人的最大私隐，除了最爱的女人，他们恐怕不会公开拿出来与人分享。野心之于已婚男人，很多时候对家庭的责任才是他们的原动力，就算只是一个现实的理由，最起码，你是受益者。

好爱情就是要算计 Love

第四章
The forth chapter

约会
就像面试，不是简单的事

- 约会要靠算计，女孩要动点心思
- 约会就像职场面试，男人要精心准备
- 解密男女表白的身体语言

要从生活圈外找对象，你永远得首先通过第一次约会这一关，才有机会跟对方慢慢熬，接下来就算若即若离，甚至分分合合，都还是有机会的。而约会不单单靠“实力”，还需要讲究技巧，第一次约会应该注意什么？如何顺利地通过第一次约会？如何在第一次约会就脱颖而出？本章将会把独门招数手把手教给你。女士将会享受第一次约会变女王的滋味，男士将会尝到第一次约会当国王的甜头。男女进阶各有如下四阶战术，一步一步助你第一次约会赢得他（她）。

稳扎稳打：把握约会五要点

事半功倍：避开约会十诫

脱颖而出：独门诱惑/吸引术

见招拆招：巧用意外情景

约会要靠算计，女孩要动点心思

你是不是觉得找到对的那个人很难？不一定是符合条件的人太少，而是许多时候，方方面面听起来貌似都挺般配的两个人，一见面就完了，不是你闹别扭就是他（她）说没感觉。例如，一个男蜜蜂遇上一个女蜜蜂，双方拥有不小的交集，内在的价值、兴趣、习惯都比较协调，本来应该是值得发展的一对，见面后却莫名其妙没有了下文。见完一个接一个，如此反复不了了之的感觉可不是什么好滋味，就像小时候大人们乐得逗你，故意把一勺蜜糖送到你嘴边，趁你刚张口，他马上缩回去。来来回回，多折腾！恼羞成怒的你要么大哭，要么跺脚。

为什么我这么优秀，这么帅气，这么美丽，这么能干，这么善良，这么有才，这么有品，他（她）却看不上我？为什么我明明觉得跟他（她）挺合适的，他（她）一眼就把我否掉？一次又一次，如同迷幻的烟花，来不及伸手，他（她）已消逝得无影无踪，难以捉摸，没有商量？

是的，姻缘的判官从来就这么专横武断。假如说恋爱像工作，第一次约会就是面试。假如说找对象是淘米，第一次约会就是筛子。假如说恋爱是创业，第一次约会就是融资。假如说恋爱是在攻城，第一次约会就是城门。

除非你和他（她）有天然的优势，可以不费力就经常有机会接触，正如“热得慢”一派常挂在嘴边的“从朋友做起”，那叫日久生情。而“热得快”一派，词典里甚至容不下“日久生情”这词儿。记得有位像豪侠一样的女性朋友，在讨论这个问题的时候观点就十分鲜明，她经验老道地指出：男女这事儿，看一眼感觉对了就是对了，第一眼没感觉的再折腾也是白搭。而感觉这东西，也不总那么玄，有时只是一个动作、一个眼神，或者一句话，就被点燃了。同时，也会因为一个动作、一个眼神，或者一句话，才刚萌动的好感就被灭掉。

想象第一次约会，一对几乎陌生的男女带着无限美妙的幻想凑到一块儿，一边是享受隔着空气的生理驱力，另一边却害怕长时间的冷场，同时承受着对方目光扫描的压力，你甚至恨不得从旁边抓来一件隐身衣，先穿上藏起来，然后从头到脚、肆无忌惮地打量对方。而在这背后，约会双方都深知，明天是否还能再见你，这一面至关重要。如果第一眼就烙下美好的印记，那你就大步跨过了发展关系的第一个门槛；相反，如果给人的第一印象很糟糕，以后你要扳过来也甚为艰难。

不想屡次在第一面就被淘汰，那么，我们怎样控制局面？

像小孩那样天真，一旦连连遭遇挫折，你本能地挣扎，你大哭，你跺脚？这结果当然不会凑巧。假如你了解到大人的拿你消遣的心理——他们的目的就是逗哭你，你越是配合他们、折腾他们就越觉得有意思——你要知道，让他们反过来追着你喂食的一个有效方法，就是你不再大哭跺脚，装得自得其乐。

谈恋爱也一样，除非你是天生的高手，在文明高度发展的社会，只运用你的本能反应，顺利过关的概率估计会低到零点。而当你了解到对方的一般心理，当你遵守了某些规则，当你掌握了某些技巧，你的蜜蜂才有机会认识到你也是蜜蜂。

这些规则，就是姻缘的判官熟背的那一纸条文，通常十分简短，一目了然。只要你抓住要点，你就如同雇了一位能言善辩的律师一样，脑子都不用动就可以跟那位掌握生杀之权的判官讨价还价，辩得他心悦诚服，甚至令他感动得泪流满面，不知不觉让你如愿以偿获取芳心。

稳扎稳打：把握约会五要点

尽显女性魅力的衣着打扮

外在的美丽，永远是女人深入男人心脏的第一道关口。不管你多么抗拒以貌取人，不管你是否宁死捍卫尊严而绝对不为取悦男人而改变自己的形象，不管你多么自信自己的内在多么优秀和强大，你都无法改变这个事实。因为这是男人的天性，是造物主给他们生存竞争的策略，他要以最直观的方式给自己的后代找个健康优良的配子和育儿的温床。

据美国心理学家的研究，在美国酒吧中，女人在观察陌生男人后平均要在 27 分钟以后才能作出决定是否要上前搭讪，但是在同样的场合下，男人作出这样的决定平均只需要 7 秒钟。进化生物学家对这种现象的解释是：在人类漫长的进化过程中，男人一直担负着狩猎的角色，而女人担任育儿和持家的角色，比起女人而言，男人是“视觉动物”，因为远古的男人在出外狩猎的时候，面对前方的动物必须依赖视觉迅速判断它是可以追击的猎物，还是需要立即躲避的天敌。同样，远古的男人为了以最高的效率把自己的基因繁衍下去，他的求偶策略是迅速判断见到的女人的潜在生育能力，经过千万年的自然进化使得男人天生对视觉的依赖大大超过女人，所以，无论你内在多美，性格有多吸引人，你跟一个男人第一次见面的时候最初几分钟给他的视觉印象是非常重要的，否则你很可能会失去让他进一步了解你美好性格的机会。

所以，只要你想结束单身，只要你想找个优秀的男士相伴而行，聪明的你，肯定会知道如何尽显女性魅力又不失个性。为浪漫约会而设计自己的形象，其产出投入比绝对不会比你为应聘一份工作而设计的职业装更低。其实你可以这么想，为了一份工作你把自己打扮得符合招聘者口味，千方百计迎合招聘者来表现自己的各种才能和素质，最后被录用了还是得勤恳干活；而为了一份浪漫一段姻缘，你精心打扮，接下来就是接受男人对你心甘情愿的殷勤，而且渐渐地你心情愉悦，开始享受美丽给你带来的各种便利，这绝对物超所值。

勉为其难的你以及那些一直很想提升外在魅力的姐妹们，现在就告诉你从头到脚，什么打扮最有女人味。

1. 披肩直发或者马尾辫。披肩的直发或者马尾辫让人显得清纯。而短卷发容易显得世故，大多数的男人喜欢前者。

根据某相亲网站的统计数据，在那些第一次约会以后被男方第二次约会的女会员中，不同的发型比例如下：长发直发65%，长卷发20%，短直发10%，短卷发5%。

2. 素颜或淡妆。护肤露是必须抹的，尽显肌肤的水嫩。切记不要浓妆艳抹。涂点唇彩或自然色的口红和薄薄的粉底会使你看起来比较精神，少用血红色的唇膏。

3. 无色透明的指甲油。许多女人都以为男人喜欢女人涂鲜艳的指甲油，事实上，有些男人喜欢，但也有许多男人很不喜欢。在你不了解对方的喜好之前，保守的方法是涂无色的指甲油。这样性感但又不妖艳。

某相亲网站的一项常规调查数据显示，84% 的适婚男士反感女人涂黑色指甲油；69% 的适婚男士对鲜艳的指甲没有好感；77% 的适婚男士不认为指甲油会让女孩子更好看。

4. 过膝的短裙、黑色半透明的长筒丝袜和黑色中高跟的皮鞋。这套打扮性感、活泼又优雅，对大多数的男人来说是杀手级打扮。而对一部分特别传统的男性，推荐亮色修身连衣裙配高跟凉鞋或单鞋，古典、优雅、矜持而色调不显沉闷。

5. 据美国著名进化心理学家德文德拉·辛格（Devendra Singh）博士对十几个国家男性的视觉研究发现，对男人最有吸引力的女人身材是腰臀围比例介于 0.67 ~ 0.8 之间，以 0.7 为最佳比例。研究还发现，无论人是瘦的还是胖的，腰臀围比例相对于绝对重量显得更重要。所以建议腰身比较粗的女士在第一次见面的时候束上一条腰带。

为你加分的身体语言

1. 微笑。

微笑，给人阳光般温暖的感觉。在你与对方对望的第一瞬间，动动你的嘴角、抬抬眉毛、弯弯眼角，保持至少 3 秒钟的微笑。

微笑是最能感染他人情绪的面部表情，当你面带微笑，对方对你的反应会不由自主地变得更加友善。社会学家做了一项有趣的实验：将一只性格暴躁的狒狒带进一个装满镜子的房间里。这只狒狒一进入房间，看见四壁上有许多狒狒，于是立刻变得气势汹汹，怒吼着扑向镜子里同样气势汹汹咬牙切齿的狒狒们，它上蹿下跳左冲右突，疯狂撕咬，狂叫不止，只半天工夫，便把自己活活累死了。而另一只性格温和的狒狒被带进这个房间后，突然发现这里有这么多自己的同类，它友善地摇了摇自己的尾巴，向那些陌生的“同类”发出和善而友好的微笑，而那些“同类”个个也向它摆尾致意，也对它发出友善的微笑。它高兴而幸福地在这间房里生活下来。

关于微笑的神奇效果，我们做了一个简单的实验。把那些初来报到抱怨自己一直没有异性缘的会员分成两组，对第一组（120 个会员）布置了一个看似荒唐的作业，就是每天早上一起床面朝镜子微笑 1 分钟，同时不断调整表情，直到自己满意为止。对第二组（120 个会员）没有布置这个额外的作业。两个月以后，发现第一组会员不仅在与红娘打电话时的态度更积极，并且相亲成熟度进展更快（找到交往对象或者开始恋爱的人数更多）。

微笑可以通过感染世界来改变自己的命运。微笑当然也可以改变你的人际运，特别是你的桃花运。

2. 自信而亲切的眼神交流。

具有浓厚东方韵味的古装片里，经常把男女相遇的情景描述成书生如炬的目光投向姑娘，而姑娘花扇掩面扭头再回头偷偷看这种含羞状。于是，许多人以为那就叫女人味，直接勾走男人的魂魄。这种羞答答的效果在特定的阶段非常好，比如少男少女的相识，比如已经进入暧昧状态的男女调情，但不适宜滥用。在现代成熟男女的第一次约会中，和对方保持自然亲切的眼神交流才是上策，利于交流，同时显得自信大方。

美国两性关系学的研究人员做过一个关于眼神交流的实验，让数十名男女随机配对，在旁边装有暗室的屋子里见面，见面后让双方互评。结果发现，眼神交流的频率高的配对，互相评价的得分也较高。

3. 腰背要直，双肩放松。

据肢体语言学所说，一个人外在的精神状态55%取决于上身的姿态。挺直腰背，双肩放松自然下垂，下巴内扣，脖子自然也跟着与身躯成一直线，这是避免重心前移这种象征不自信典型姿态的要点。女孩子的脸蛋长得再漂亮，穿得再华丽，假如脖子向前伸，耸肩，含胸，女性魅力会大打折扣。

社会学家做过一个有趣的实验，邀请了数十名长相漂亮的女士和数十名长相普通的女士，每人拍摄两组照片，一组是形体教练帮忙纠正过上身姿势的，另一组是未作纠正的。然后邀请一批成年男士观看这些照片，并回答对照片中人物的好感程度。预料之中的结果是纠正过姿势的照片得分明显高于未被纠正的。而另一个更让人惊讶的结果是，相比姿势未纠正的漂亮女士的照片，姿势纠正过以后的普通女士的照片获得男士更高的评价。

4. 保持脚跟并拢、脚尖向外打开 45 度夹角。

这个姿势自然、大方，又不会显得粗鲁随便。注意改掉脚尖内扣（俗称“内八字脚”）的习惯，据研究肢体语言的专家介绍，那样的姿势暗示你内心的紧张、不安和戒备状态。

5. 步履轻快。

步履轻快，稍微走在男士斜前方一点。步履轻快，除了体现出女性的自信，也让与你约会的男士感觉更轻松。

为什么稍微走在男士的前方一点更好？这是一个听上去有点诡异的建议，但是它却十分奏效。最初的灵感来源于一次与会员交流，聊到他们约会时“轧马路”的情况，有些女会员有这样的烦恼：不知道是因为男士个子比较高，还是有些男士比较粗心，女士经常被落在后面，而不是跟男士肩并肩。这样，一方面妨碍交谈，另一方面让女士感觉不好，即便男士也会发觉而间歇地放慢脚步等她跟上。于是，就这个问题，我们做了一个简单的实验。

把近百位将要赴约的女士分成三组，让专线红娘事先跟自愿参与实验的女士交代任务。第一组女士，从一开始就有意识地处于男士斜前方大约15厘米的位置，第二组女士要从约会一开始就有意识地处于男士的斜后方大约15厘米的位置，而第三组女士则有意识与男士保持肩并肩。

结果十分有趣。红娘回访第三组女士，收到她们的反馈：越走到后面，男士的步伐越快并且更没有章法，女士配合得很辛苦。第二组女士反馈说，男士刚开始还会无意识地慢下来等她跟上，后来就变成有意识地转身来交谈。第三组女士反馈说，感觉很特别，男士貌似总在努力向前靠近你。并且，最后收到男士再次约会比例最高的是第一组，其次是第二组，最低的是第三组。

其实走在男士斜前方一点之所以比较好，那是因为人为制造了一个让男士无意识追逐女士的格局。这种无意识的追逐很容易唤起男性猎人的天性，不论是在狩猎野兽还是在争夺配偶，这种追逐都自然地刺激了男性的潜能和兴致。这种细微得难以察觉的追逐过程，会平白让男士对你产生奇妙的好感，就是那种不知为什么就是有种要抓住你的感觉。

交谈的心理诡计

1. 主动开口打招呼。

被拒绝是男人第一大心理障碍。对男人来说，接触一个不那么有吸引力的女士会比面对一个使他怦然心动的女生容易很多。面对心动的女生，不少男人（无论他在工作上、日常交际中多么自信）都可能紧张得说不出话来。因为他们害怕遭到女人的拒绝，所以，往往是平易近人的女生而不是最漂亮的女生会成为大众情人。再美艳的女人，如果一副冷冰冰的姿态，不给半点儿鼓励，无疑会让大部分男人望而却步。

当你主动开口打招呼的时候，男人内心或者对你充满感激或者马上感受到你的大方与淡定，认为你是个与众不同的女子。

2. 让男士主导聊天的话题。

你不用总是没话找话，那样会显得你太过卖力去讨好他。虽然他是轻松了，但不一定感激你，他潜意识更希望是他带动你快乐地交谈。而且你主动发起的话题越少，你越是神秘。神秘的男人有点恐怖，而神秘的女人却永远是诱惑男人不由自主追随的尤物。

3. 对话题有所了解。

利用某相亲网站的会员约会反馈记录，我们进行了一项分析，发现约会期间双方参与的话题数量与约会效果（双方约会后好感评价）相关。共同参与的话题少于 3 个的配对，极少有第二次约会意愿（低于 7%）。

平时多看新闻，而电影、运动、美食、旅行等都是比较大众的话题，可以广泛涉猎。还可以吸收一些有趣的话题，例如各国趣闻。

恋爱心理学研究工作者发现，爱情的产生，除了生理上的吸引，还有赖于双方发现相似点。对于平日没有机会接触的男女，发现相似点主要靠聊天。

4. 适当表达自己的喜好和意见。

男性的世界跟女性的世界在某些方面区别真的很大，远远超乎你的想象。在女性之间互相谦让、投其所好被认为是善解人意，好相处，往往更受欢迎；在男性之间，表达真实意见，不隐瞒，才被认为是关系平等的朋友。当女士与男士相处时，如果不自觉地采取与同性相处的策略，处处妥协，并不会得到男士的好感，反而磨掉男士原本对你的浪漫幻想。从许多约会实践的案例里总结得到，只要方式优雅，语调温和，女士在约会中适宜直接表达自己的意见。

为什么表达自己的意见会让约会效果更好呢？现在以一位刚收到求婚戒指的女士张小姐的经验作为例子来说明。她跟未婚夫王先生第一次约会是在一家西餐厅，王先生招呼服务员过来点菜的时候，自作主张地给张小姐点了一杯冻奶茶。张小姐当时有点不爽，但脸上保持微笑，跟服务员说：我不喜欢喝奶茶，给我来一杯咖啡，要热的。当时，她察觉到对面王先生表现出好奇的表情，眉毛往上提了一提，瞳孔放大。后来成了男女朋友后，王先生回忆说，就第一次约会那一刻觉得张小姐与众不同，也说不清楚什么原因，只觉得此女不易对付，有意思。假如张小姐当时忍了，委屈地喝了那杯“被点”的冻奶茶，也不好意思发出任何异响，就不一定是现在的结局。

为了回答“如何表达自己意见更合适”的问题，我们进行了资料分析。首先将会员约会交谈的情况整理并作了分类。第一类是比较内向害羞的女会员，较少直接说出自己的喜好，有时甚至因为面对陌生人而表现得更顺从，例如明明不喜欢吃辣的，会随时因为收到男士爱吃辣的信号而表示吃辣的也没关系。第二类是比较外向率直的女会员，会用温和的措辞比较直白地表达自己的意见。第三类是比较强势的女会员，会像女王一样要求所有细节都按自己的意思进行。相应地，我们从配对男会员的约会反馈看到，三类不同表现的女会员中，好感评价的从高到低的排序是第二类、第一类、第三类。

男士在爱情的追逐过程中，享受挑战难度的感觉，越是难越有追逐欲望。所以，女士们始终保持自己独立的思想，善解人意的同时表达自己的主见，才会在约会中占据有利位置。这与要赢得别人尊重，首先尊重自己的需要的道理是一致的。

习惯让他埋单

在两人刚刚开始交往的时候，毫无疑问应该让男人来埋单。

在约会一个阶段之后，你可以回请他。但是，一定不要两个人平摊费用，毕竟，他并不是一个久未谋面的同事。女人千万别天真地以为，埋单时坚持 AA 制，甚至主动请客，大大咧咧地慷慨一把，就能表现独立女性的形象，希望借此来让男人对你产生特殊好感。实际上，你只会让他对你另眼相看，误以为自己在跟同性约会，因为你身上散发的雄性激素过多，弄不好会直接把他对你才刚刚萌生的浪漫幻想扼杀在摇篮之中。

而你始终要这么认为——不管是自我催眠还是真的清醒认识——你也不是白吃白喝的，身怀尊贵资源的你愿意抽出时间与他共度并带来快乐的时光，那已经是给他超值的回报。所以你只需要让他知道，你对约会和他的表现都感到满意，最后回报给他优雅的一句感谢就足够了。要是感觉不那么痛快，在你说谢谢的同时给他一个花朵一般甜美的微笑，保证让他血压上升，心跳加速，注意力严重失控，稀里糊涂得连已经付了多少钱都不知道。

如果他的经济实力并不强，你可以建议去一个省钱的地方，或者安排一些无须花钱的活动。你们可以去参观博物馆，而且可以骑车去；也可以两人分食一盘菜，并且不要酒水。如果在最初的约会中，他就要求你与他分担费用，奉劝你别再理他。

提前结束约会

女人约会需要处于被猎人追逐的位置，不论事实上你是否也想着追逐他，你表现出来的姿态一定是他在追逐你。一般情况下，初始阶段约会，先提出结束约会的人尽可能是你，这样才能激起他跟着你跑的欲望。当你每次都在男人约会意犹未尽的时刻离开，男人就会惦记着再找你，仿佛约会你永远是件还没完成的事情。这是一种“未完成事件”心理，即一件事做到一半或者一直未完整进行，人们心里就会一直惦记着它，不管他们有没有意识到。

当然，提出要结束约会还得注意以下一些细节：

1. 看准时机。

为了避免让对方误以为你对他没有意向，一般约会开始后30分钟以内不适宜离开，之后就算有紧要事要先结束约会也比较保险。

2. 离开的借口。

别匆匆忙忙的，让对方觉得你忙到连谈恋爱的时间都没有，不要借口总是老板召见或者要赶去开会，这是男士用来拒绝约会最惯用的借口，如果你也这么说，极容易引起他误会。

我们从某相亲网站的会员中抽取了500对约会数据进行分析，结果显示：第一次约会平均时长约50分钟，而在第一次约会后有后续交往的会员配对里，其第一次约会平均时长约40分钟。另外还有一项有趣的统计数字：因为第一次约会中途一方在提出离开而来电向专线红娘抱怨对方的案例中，其约会平均时长约20分钟。

选择可以暗示自己一些优势信息的借口。如朋友催要提前去展馆，不习惯迟到；又如今天刚好有客人会来，早点回去准备晚餐。

实在想不出来，模糊的借口都可以，其实他不那么注意具体的内容。

3. 传达积极的信号。

虽然灰姑娘的故事比较白日梦，但故事落下一只玻璃鞋的情节描述的却是女人吸引男性的黄金技巧。这跟东方浪漫传奇里那些老套的情节一样，小姐迫不得已要离开邂逅现场的一刻总能恰到好处地落下一个香手绢，剩下他独自一人在原地痴痴地守着你落下的一个谜，满脑子想着怎样再次见到你。

有的女士立马问道：难不成我也得弄一条喷了香水的手绢当道具？当然不用，你只需要回眸对他轻轻一笑，足矣。就如同《唐伯虎点秋香》里秋香那勾魂的三笑，引得才子卖身进华府，一点也不神奇。你只是利用了女性对男性最原始的吸引力，像一头美丽的梅花鹿，回头看了他一眼，明眸皓齿，挑起在森林久久埋伏的猎人追逐的欲望。

4. 说走就走，片刻不留。

有时候遇上比较热情的男士，他可能会恳求你多待会儿再走。你别因为看他这么热情，心里暗自得意，又看他一个人可怜兮兮的，就轻易地从了他，半推半就不适用在此时此刻。假如你留下来，即便只多留十分钟，让他意犹未尽的效果也将大大削减。

事半功倍：避开约会十诫

一、衣着寒酸，性感过度，打扮夸张

初次约会，不宜采用的装束有：非主流破烂牛仔裤、市井的宽松T恤加短裤；超低胸、大片露背、重点镂空、超短裙配网袜、全身豹纹；生硬的职业装、珠光宝气如阔太、婚纱一样的衣着。

只要不是非主流或者“艺术家”，是个男人都不想看见对方穿着破洞的牛仔裤，像孕妇装的阔大T恤，或皱巴巴咸菜干一样的寒酸打扮来赴约，那不仅不整洁，还显得年纪大，甚至让人分不出性别。

性感需要低调不宜张扬。不要忘了，男人理想的世界里只有两种女人，一种是老婆，一种是情人。虽然男人的眼球会很享受女色，但是太过直白的性感，如超低胸、大片露背、重点镂空、超短裙配网袜、全身豹纹等，都只会暗示你是野火情人的材料，而不能启发他采取对待“正室”的态度来对你。

另外，打扮不宜夸张。除非约会地点有特别的服装规定（如高级餐厅、音乐厅等），否则也不用穿得全套深色职业装那么正式或者全身珠光宝气，让人觉得你古板严肃，或者贵气逼人，难以亲近。

二、热情过度，过分体贴

不止一次听到那些已婚妇女煞有介事地告诉天真的小姑娘，女人只要给男人最需要的东西，那么男人的心身都离不开你了。那是什么东西，那就是崇拜、温柔、理解和支持。于是，一边仰着头全神贯注听课，一边万分崇拜频频点头的小姑娘，一旦走出教室，面对心动的男人，就乖乖地献上那神奇的崇拜、温柔、理解和支持。结果“生产”出一批又一批的怨妇，而那些情感大师的生意就越来越红火。

噢，可爱的孩子，热情也许是你的优点，温柔体贴、善解人意也许是你的特技。但是，刚认识就让男人毫不费力享受你的热情、温柔体贴、善解人意，那么相当于告诉男人：你不用追求我了。吃饱的驴子打瞌睡，只有饿驴才会跑。聪明的主人用驴来磨面，喜欢在驴子背上插上竹竿，挂一袋金黄的麦皮，让驴子拉着石磨转不停。而且，假如你太热情，太会来事儿，你简直就是在暗示他：你不习惯有男人对你献殷勤。

所以，请你：

不要崇拜地盯着他，仿佛他就是全世界。

不要对他说的每一句话都点头赞同。

不要帮他夹菜。

不要热切地嘘寒问暖。

也不要像大姐姐一样，照顾约会大小事宜。

你需要首先关注自己的舒适，让他多干活。

让他安排地点。

让他点菜。

让他给你搬椅子。

让他关心问你食物合不合你胃口。

你可以在他不方便的时候，递上一张纸巾，但不要帮他擦汗。

你可以在他忙碌的时候，帮忙看东西，但不要帮他提包。

三、不是太唠叨，就是太沉默

女人天生是聊天的材料，“三个女人一台戏”，一群女人凑到一块儿，即便互不相识，也可以毫不费力地唧唧喳喳说个不停。她们大脑那块专管聊天的小片区异常发达，男人在这个领域只能俯首称臣。女人和女人相处，聊天是很自然的事，任何琐事都可以拿来聊，一件衣服、一对耳环，就连隔壁家的小狗下了崽都可以聊得热闹非凡。聊天对她们来说压根儿不用节制，无论话题数量多么庞大，内容多么琐碎，双方都很少会觉得消化不良。但是，如果女人把男人当成女人来聊天，那结果将会不堪设想：一是男人对琐事的消化能力不高；二是男人耳朵抗疲劳能力低下；三是更严重的是，当女人不停说话的时候抹杀了自己的神秘感。约会需要适时的安静，这种安静正好提供幻想的空间。

但是，要是你因为紧张或者陌生而很少发话，把自己保护得严严实实，那又会给对方拒人于千里之外的感觉：扫兴！

四、好胜好辩

习惯了使用左脑，什么时候都想搞清楚对还是错的女士，到了约会的时候，反而不知道怎样进行“右脑”交流。尤其是女强人类型的女士，工作很出色，智商特别高，一时角色转不过来，就把约会当成辩论赛。

聪明的女人应对男人永远不会硬碰硬。你在职场上的魄力无疑是你成为赢家的资本，但在情场上，再聪明的你，只要在无关紧要的事情上善解人意地让他赢一次，你将会收获甜蜜的回报。

五、交浅言深

心理学家发现，在人际交往中，首先打开心扉，可以拉近与对方的心理距离。在销售行业中，也有一种常用于接近客户的技巧：主动打开心扉，投其所好，从而博取信任。但是，这种技巧用在两性关系中，不会总能奏效。在初相识的阶段，透露过深的信息就意味着提前消费自己的魅力。

1. 透露情史。

有些女士一打开话匣子就盖不回去，没有设防。尤其是刚刚结束了一段感情，一聊天自然又聊起自己过去的感情经历，对旧情人或褒或贬，自怜自叹或者扬扬得意。有些人会认为，坦诚相对就等于毫无保留。你要这么“高纯度”的坦诚，我也不想说服你认同“水至清则无鱼”，但是在第一次约会这个关口，你就别那么郑重其事要跟对方坦诚相对吧。让对方知道你过去感情经历丰富或者零经验值，知道你被甩多么受伤或者甩人的时候多么绝情，知道你对前任什么看法，都不会有任何好处，甚至会惹来不必要的麻烦。

2. 自曝隐私。

有些女士很可爱，因为平时跟同性之间就习惯无话不谈，自己哪里长了一颗青春痘这种芝麻绿豆的事都可以拿来聊一通。于是，在约会的时候，毫无意识地就暴露了自己的隐私——什么从前得过肠胃病，做个手术愈合不好留了个小疤之类的——尽管她们不认为那有什么不妥，事实上那些也不是见不得人的丑事，但是你在坦白这些无伤大雅的事时，男人脑子里装的是什么你知道吗？就算什么都没想，你直接把他对你女神的幻想给消灭了。

3. 扮演怨妇。

女人之间的友情好多时候包含大量的互相倾诉的成分，每天遇到看不顺心的小事拿来抱怨下就打发完几小时。但是，在男人面前，你若是从家人、上司、同事、朋友数落到家里的小狗，一切都不顺心似的，那么，你能跟他一起快乐生活吗？你在他眼中将毫无魅力可言。

4. 探问对方隐私。

同理，对方的感情经历、穿啥牌子衣服、身体有什么异常等隐私问题都不适宜在第一次约会提出。

六、身家调查

谁会希望第一次约会就被人“身家调查”？像薪水待遇、存款、不动产等私人财务状况等，不适合作为第一次见面的聊天话题，否则对方可能会想，你到底是想跟他交往，还是跟他的财产交往？

据调查，男人第一次约会最反感女人问他薪水多少、有没有房子车子。其中，高收入男性的反感最为激烈，低收入男性排中间，态度最温和的反而是富豪级别的男性。

七、谈婚论嫁

即便你们“一见钟情”，结婚生子这事，说来都太早。尽量不要把有关“结婚”的话题挂在嘴边，即便你谈的只是“这个月很多人结婚，好日子都集中在一块儿”、“现在结婚手续简单得很”、“现在闪婚的人越来越多了”……假如你一开始就急着想把对方“套牢”，可能会将对方吓跑。你要知道，他是打猎的，但不喜欢被猎。

八、约会超时

即便你们俩第一次约会就相见恨晚，难舍难分，但是激情燃烧得太快，灭得也更快。你最好总在意犹未尽的时候抽身离开。

并且，第一次约会结束时，无论他多么热情多么坚持护送你，尽量不要让他跟你到家门口，更不要让他开车送你回家。如果你们才刚认识，那也太危险了。

为了避免需要他护送你的客观因素，例如约会结束时已经很晚，约会的地方交通不便，你最好建议把约会时间选在白天，约会地点在熟悉、人多的区域。

九、过度亲密

你可以辩论说，男女平等，宣扬时代进步，并且性开放的观点。但是，事实的声音比任何伟大理论都响亮。第一次约会就亲密接触的后果是，除非你能催眠自己、你很开放啥也不在乎，但你无办法改变的是，你将在生理上以及情绪上对对方产生依赖，更糟糕的是，男士即便原本很喜欢你，他会下意识把你归类为情人而不是妻子。

亲爱的，你要让他认真地看待你以及你们将要发展认真的关系，那么你就得让他等。你担心他等不及，结果离开你了？为了无价的你，他一定愿意等待。而通过等待，他才发现自己多么爱你。

十、身无分文

虽然约会的费用一般由男士来承担，但是要是你身上一分钱都不带，那会比较危险。如果遇上男士失约或者发生意外情况，没有钱你会比较麻烦。

脱颖而出：独门诱惑术

如果你是比较传统的女孩，你可能认为在恋爱婚姻中，你只充当等待追求然后作出选择的角色，即便你已经遇见完全符合你内心标准的理想先生，你也只等那虚无缥缈的“缘分”，盼哪天月老把红线一牵，令他爱上你。

直到今天，你等到了吗？如果没有，你也不必抱怨幸运为什么没有关照你，你需要改变策略，或者说，你需要学习更高级别的新策略。

不要以为我会把“女追男隔层纱”的老调子给你重弹——那些随便哪个自称经验老道的大婶都能告诉你的话，你相信吗？我告诉你的是“让他不得不追你”的技巧——这种技巧可以追溯到古代的西施、埃及艳后等，在近现代各国的女特务训练营里发展到顶峰，最近开始应用于婚恋领域——你不必长得倾国倾城也能使用这种技巧，要牢记其实埃及艳后的长相也不咋地。你只需要最大限度发挥自己的优势，同时不断发掘男人的天性。

约会的形式多种多样，一般的约会教材至多按时间顺序把它分解成诸如筹备、开场白、进行时、高潮、尾声和反馈这样的要素，而真正的约会女王知道约会的本质要素不是这些。她们目的明确，脑子里每时每刻都十分清楚好事进展到哪一步，并且主动控制、推进约会的发展。

“我不着急”的姿态

这女孩真特别

一名相亲男口述：说起来也到结婚的年龄了，但是我工作挺忙的，精力不够用，想事业稳定后再想这事。可皇帝不急太监急，父母总催我去相亲。最近新潮老妈在相亲网站上给我找了个女孩子，要我们见面。我只好从命去相亲。谁知到了以后，眼前的景象让我直发愣。不是女孩长得有多丑，而是我压根看不到她的脸，只是看见一个人在餐桌上埋头大吃。我就直怀疑自己是不是找错地方了，于是拨了电话过去。还真没找错，正在埋头大吃的她抬头朝我，鬼精灵一样地笑了笑，说："坐，早上没吃早餐，刚下班，饿得不行，就先吃了！废话少说，我知道你是被逼来的，我也是！"

"来，你也快吃，吃完可以早撤。这家店的菜做得不错的，我经常来吃。"这时我仔细打量那个女孩，觉得她长得还挺好看的。

"愣着干什么，赶紧吃吧，别客气！"她把那盘只剩一半的菜推到我面前。我于是叫服务员，再加几个菜。谁知我要的菜还没上来，她的手机响了，一分钟接完手机，她对我说道："公司有事，我要走了。你慢慢吃，我点的菜钱待会儿你一块儿付。今天很高兴！有机会再见！"说完，还不等我又一次发愣，她丢下几百元，拿起包走了！

无心插柳柳成荫，本来只打算应付了事的我，接下来整个晚上脑子里就剩白天相亲的情景，她从埋头大吃到抬头那一刹的样子，她招呼我吃饭时那爽朗的声音，还有她丢下饭钱后那一闪就消失的背影……

在人们的印象中，相亲的女孩当然是一本正经，穿着裙子，大方得体，礼节做足，温温润润，偶做羞涩神态，乖得像大家闺秀一样，一心等着王子一样的男人的出现。这虽然是大部分男人心目中女神的标准形象，在相亲这种场合却不会让男人有特别深刻的印象。要激起男人对你特别的兴趣，首先不能让他觉得你着急找个人嫁掉，一门心思来相亲。所以你要淡定，有时候还可以故意让他觉得你自己压根没想过要相亲，只是抱着试试看的心态。不过最后你还是要暗示他，他可以再找你。一句“很高兴，有机会再见！”就足够。

当然，案例里的情况比较特殊，一般人不一定适用。在明摆着就是通过相亲介绍来约会的情况下，比较通用的做法如下。

假设你们在餐厅，互相打完招呼坐下来点好菜，大约 5 分钟后，你脸上挂着浅笑，扫视一下约会场地的其他人，漫不经心丢给他一个问题：“你猜猜这里会不会也有其他人是相亲来的？”他很可能答：“说不定真有。”你接着故意说：“嗯，看那一对就像，其实也不着急，就喜欢赶时髦。”

我是万人迷

什么样的女人男人最想得到？沉鱼落雁、国色天香？温柔体贴、善解人意？三从四德、贤妻良母？精明能干、旺夫益子？都不是。男人最想得到的是男人都抢着要的女人。所以只要你是万人迷，你在他眼中自然价值不菲。

现在，你心里很可能开始嘀嘀咕咕，觉得十分委屈：如果我有万人迷的姿色，我才不需要来听你胡扯呢！你以为，万人迷就一定长得漂亮，并且拥有男人渴望的所有资质？其实，不少万人迷之所以成为万人迷，是因为有一天，她被一名口甜舌滑、说话从不负责的路人甲男称之为女神，刚好被旁边的熟人听到了。第二天，微博上广播的都是路人丙男搭讪她的照片。第三天，不知道哪里来的一群路人丁男带上鲜花恳求她共进晚餐……于是，万人迷就这样诞生了！

也许你觉得那太荒唐，纯属胡扯。但是事情的真相往往不会在你意料之中。而且，这样离奇的事情，说不定就在你身边上演。只要你细心观察，你会发现一个十分有趣的现象，有些女子喜欢到处跟人说，最近又被哪个男人追得烦，哪个男人周末又要跟她去吃饭，哪个男人上周被她拒绝了想自杀……而你看她长得压根儿也就是路人甲女一名，不知道哪来的自信。

看这些万人迷那副得意的神情，听她们天天报道她们的艳遇，你心理开始失衡了吧？没办法，那就是人性。人们总是以为很多人抢的就是好的。

其实你也可以摇身一变成万人迷，也可以利用人性的这个特点，来帮助自己成倍提升魅力。记住，万人迷只是一个假象，人们永远都不可能知道你的追求者到底有多少。所以，你尽管淡定。从今天起，你就每天自我催眠一百遍：我是万人迷。

万人迷约会定义：

1. 远不会比情人早到，除非你记错了地点。你可以在附近转转，进洗手间收拾一下，或者在一旁跟朋友打电话聊一下天。总之，当你远远见他坐定了，你再优雅地出现在他面前。

2. 一路挂着万人迷的标志笑容。从出门赴约，你就开始想象自己是万人迷，一路上，会有很多男人和女人给你飙高的回头率。而从你进入约会现场的第一秒钟起，不要东张西望（你习惯的是别人对你瞩目），你目视前方，脸上挂着一丝自信的微笑，你双肩下垂，腰板挺直，脚步轻盈，像女王在自己的宫殿里走动一样自在。

3. 人气旺盛。一定不要关掉手机，遇到中途有来电，你正好装出是追求者打来约你的。就在他面前接电话，但不要说太久，5 分钟之内挂。或者设置手机定时响，貌似你信息挺多的，或者可以拿起电话说：“× × 先生啊，我这周已经安排好了，不要意

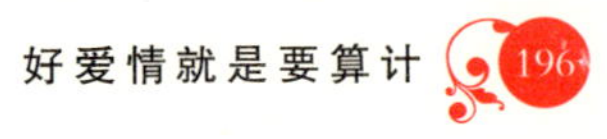

思啊。”挂电话，自言自语一句：“太缠人了”，再对约会的男士抱歉笑一笑。

我不容易得手

男人最想得到的是男人抢着要的女人；而男人最乐意追求的是难追到的女人。这一点，男人自己也许都不会察觉。有时候，他们也不知道为什么对某些女孩子没感觉（即便她方方面面都十分优秀），更不知道为什么对有些女孩子就有说不出道不明的吸引力，想起她就兴奋。

这不仅仅是人性的问题，来得容易的终究不会记得太清楚，付出汗水的才显得贵重。它跟男人骨子里的猎人血液还有相当大的关系。

想象在那远古时代，男人天天成群结队地外出打猎。追逐猎物除了为了谋生以外，久而久之，也就成为一种自发的需要，成为一种乐趣。男人之间不自觉互相打赌，比赛看谁能捕获那匹会飞的狼。也不是说那匹狼猎到后能分多少肉给族人，那狼的肉应该也不咋好吃，而是捕获会飞的狼是件了不起的事，成就感十足，那实在可以拿来在伙伴中间大大地炫耀。

男人，生存竞争让他们形成了这样一种嗜好，喜欢玩游戏，喜欢挑战，越难越想去尝试。所以，约会中，你不但不让他觉得你太容易上手，还要主动吊他胃口。其他人追不到你，他轻易也不能让你动心。

1. 让他知道，虽然不少男人对你死缠烂打，你可不轻易答应出去约会，或者从来不答理。具体地，可以在约会中途频繁的短信铃响后，随意看一眼，然后因为中断了谈话而抱歉地笑一笑，轻描淡写说："不好意思，这些小伙子也太执著了，但我对他们真不感兴趣。"

2. 与他保持距离，拒绝接触。与他面对面距离大于 50 厘米，一同行走时隔开大约 20 厘米。如果他比较热切，想搭你肩或者牵你手，你敏捷地闪开，然后对他俏皮地笑一笑。

3. 故意不合作，制造神秘感。约会像面试，但远不只是面试，你不必像面对考官一样所有问题都认认真真作答，也不必总把真诚挂在嘴边。针对他特别感兴趣的问题，你可以故意不告诉他。当他扬起双眉，瞳孔放大，身体靠近你等待你的回答时，你俏皮地笑一笑装作没听见，同时转移话题。

4. 首先离开，结束约会。你的时间很宝贵，见你不容易。并且不让他送你回到家门口。

5. 第一次约会之后，不要给他去电或发短信，即便你只想感谢他约会时对你照顾得很好。这样会让他认为你见他一次就深深迷上他，满脑子全是他，最后忍不住主动去联系他。你应该继续自己的生活，要是有空就与朋友聚会，或者继续物色优秀的男士。他想你的话，会打电话给你的。

6. 不要答应他的临时约会。例如你收到了如下短信：你好吗？上次见面很愉快。今天晚上一起吃饭吧。诚实的你很想回复：好啊，我正闲着！但是你必须回复：我也想，不过已经约了人，下周或许有时间。注意不要用“对不起我没有时间”来回复，这样会让他误会你是在拒绝他。

杀杀他的傲气

有两个女人，一个是他的忠实粉丝，对他赞不绝口；一个经常跟他唱反调，鸭子拌嘴。你猜，男人会更喜欢谁多一点？

假如他是一名不太自信的小伙子，也许他会觉得有个粉丝很温暖——你肯定不会愿意把自己交给一个缺乏自信的小伙子吧。假如他是一名优秀的男士，一直自我感觉良好，不缺女人向他示好，那么，经常跟他拌嘴的女人才会引起他注意。许多电视剧本也就是按照这么一个套路来演的，最初的一对斗气冤家，最后往往擦出爱的火花。《非诚勿扰》上那些“毒舌”女嘉宾爱挑男嘉宾的毛病，提问尖锐又刺激，她们显然是高手。她们不会因此而被男人冷落，反而会激起男人的征服欲望。

1. 故意取笑他。例如他明明长得很帅气，你故意反过来取笑他“长得很路人”，还可以给他起个外号“路人甲”。

2. 质疑他的资质。你始终站在作为主动选择的位置，让她知道你心里有一套标准随时考验他。你可以偶尔开玩笑说：“你怎么像个小孩子”，就如马伊咪的那一句“他太嫩了”，你立马成为他着急征服的女神。

3. 给他泼冷水。在他夸夸其谈、扬扬得意的小事情上，用开玩笑的口吻说：“噢，你真了不起。除了这个，没有其他的了吗？”

给他一点挑逗

男人大都死要面子，完全没有把握的事通常不会做，因为失败了太丢脸。所以，你让他知道追你有难度，同时还要给他追你的胆子。《非诚勿扰》女嘉宾孙雅莉，最后给男嘉宾抛出一句“你敢选我便敢跟你走”，无疑大大鼓励了男嘉宾奋起直追。

1. 半真半假崇拜他。认真观察，抓住一些细节，扬起眉毛，放大瞳孔，一副十分感兴趣的神情，夸奖他。

2. 策略性示弱。在一些男人具有天然优势的事情上，你故意示弱，暗示他你需要帮助。例如，许多女士买电子产品喜欢向男士咨询，家里电脑满是病毒不会处理等。约会过程中，你可以看似随意地透露一些需要男士帮忙的情况。

3. 用肢体语言来调情。在双方都进入状态的时候，你就可以带着他调情。你不必太过明显地发送秋波，你只要眼神迷离地从他的眉毛扫至下巴，再与他对望，每次保持1秒，他会意识到你在观察他，但又不会觉得被人死盯着不放。你还可以轻轻撩拨你的长发，双手托起你的下巴，他会开始心跳加速，呼吸困难。

4. 回眸一笑百媚生。说出来的话有时不如表情动作所表达的来得有效。女人吸引男人来追求的一大基本原则就是：心口不一。聊天的时候你处处刁难，但你的眼神你的笑容却时时暗示他可以追求你。

见招拆招：巧用意外情景

意外情景一：他带上哥们儿来约会

他啥意思？他首先肯定会向你介绍他朋友的，假如他将朋友很详细地介绍给你了，比如连他朋友在哪里工作、是否单身等都告诉你，或者让你们交换电话之类的，那他可能是来当月老的。假如他只是简单介绍他朋友，那他只是害羞、比较内敛的性格。通常这种男人习惯从朋友发展到爱情，即属于慢热一派的。你可以顺着狗毛摸，就抱着多结交几个朋友的态度，轻松度过美好的时光，并且一贯地展示你的魅力。

其间，不要把注意力偏向任何一男身上，完全忽略掉谁才是来约会的，大方地跟他们俩闲聊即可。这样，其实你还一举两得。一方面，这次约会他没有找到单独相处的机会，他会心有不甘，更加可能再约你出来。另一方面，假如他带来的哥们儿条件不错，也是单身，你可是又多了个备选呢。

你依然要首先提出结束约会。因为你不是闲着只等着跟他们约会的人，你的生活一直安排得很充实。

要是他或者他的朋友在结束时约你下次再出来，你不要马上答应。用快乐的声调回应他们："好啊，到时再看看有空没。"

意外情景二：他迟到

一般来说，男人第一次约会女人，只会早到不会迟到，因为新鲜好奇急着见面，也因为那是基本的礼貌。假如遇上一男人迟了超过十分钟还未到，只有三种可能：第一种可能有突发的原因，可以理解；第二种可能就是对方不那么重视，为了任何正常人都可以避免的破烂理由；第三种可能就是此男 EQ 较低，误以为网上小混混胡扯的泡妞花招对成熟女人也管用，于是故意迟到来吊你胃口或者引你注意。

无论何种原因，你千万不要表现出任何烦躁的情绪。你大可以见招拆招，保持淑女姿态，淡定优雅，但绝不纵容，要让他知道迟到就意味着约会时间会削减。一旦你表现出不耐烦的情绪，或者即便见到他大大咧咧迟到还对他依旧那么热情的话，他本能就认为你容易被刺激，也很好对付，没什么难度，即“吃定你了”。

第一，他迟到走过来，你正面给他一抹淡淡的微笑，同时不经意地摸摸手表。不说话，等他先开口。

第二，他一般会有关于迟到的解释。无论他说什么，只要他貌似有点歉意的解释，你接着就是当啥事都没有继续约会。大概从他赴约起过了三十分钟，或者在预计约会的事情进行了一半的时候——你电话铃声响，或者直接看看表，起身告别。扔下简短的理由：约好几点几点跟谁去买东西，不好意思，我要先赶过去了。同时，回头给他一个笑脸：今天很高兴，再见！

第三，如果他绝口不提自己迟到的事，你也绝口不提，装作什么都没有发生。约会进行中，男方正兴起的时候，你借口有事，向他告别。同时，回头给他一个笑脸：今天心情真好！

意外情景三：他中途有事要离开

女人约会需要处于被猎人追逐的位置，不论事实上你是否也想着追逐他，你表现出来的姿态一定是他在追逐你。一般情况，开头的多次约会，先提出结束约会的人必须是你，这样才能激起他跟着你跑的欲望。但是，要遇上一男在约会中途不到30分钟说有急事要先离开，你怎样处理?

你可能首先觉得这个男人没礼貌，没诚意。你可能心里很不爽，像自由落体一样感觉失重（宠）。你可能一时不知道如何反应，表情生硬。你甚至开始觉得此男是在挑衅你，他对你不感兴趣。

无论如何，你要镇静，保持优雅。

第一，此男也许确实有急事。第二，这个男人学了偏门的把妹术，故意提前离开刺激你。第三，他可能对你已经明摆着不感兴趣。

无论何种原因，你面带笑容，让他离开，绝不挽留。接着，你也起身离开，不要询问他离开的理由。回去不要联系他。

要是他来电找你，你也不要提起那天他提前离开的事，他可能会自己提起，并表示歉意。你对此一笑了之。这样即便他是使坏招故意刺激你，你也不让他得逞，因为你对他没那么上心。

他可能会再约你，你最好不要答应，说："可惜我这个周末已经有约了，下次吧。"至少隔一次再答应跟他出去。这叫两性关系的平衡法则，上次他有事，这次你没空。在男女关系中，女人永远不要让自己跑得比他快。

约会就像职场面试 男人要精心准备

流行歌手古巨基的一首《木讷》，道出多少自称“老实好男人”的心声。

你也许认为自己是绝代好男人，你老实、勤恳，拥有一技之长，你还会打理家务，做得一手好菜，高大又帅气，你专情不花心，你对女孩子从来都服务周到，办公室的女同事都管你叫“好人”。但是很奇怪，世界上除了你的母亲大人，貌似就剩下男人喜欢靠近你，你的老板，你的哥们儿，甚至靠近你的女孩子也不知不觉成了你哥们儿，或者你成了她们的“姐妹”。

你百思不得其解，女孩子怎么就那等笨，全被游戏人间的“坏男人”骗走了？你愤愤不平，凭什么那些小混混一样的男人周围不缺女人，而我这么好的男人却总是被拒绝，被女朋友甩？于是，你查阅大量关于怎样追女孩子的资料，甚至不惜重金去上几堂丑男教你让女孩子一天就爱上你的秘籍，发誓变成“坏男人”。

你变成“坏男人”以后，虽然确实不再缺女人，但是你会发现爱上你的女人多数不管情商智商都很低，或者本身就是一夜情人的材料，压根儿不适合做妻子。当然，你可以享受这一套，男人不会嫌情人多。最可怕的是，有一天你突然发现，你已经厌倦你用“坏男人”招数吸引来的女人，她们之中没有一个可以让你产生结婚的念头，你开始怀疑世界上有没有女人值得让你为她安定下来。

为什么？因为你是男人，你骨子里就喜欢狩猎，只有自己追捕回来的才有味道。无论女人多优秀，如果你不费吹灰之力她就扑过来的，那么你下意识会认为她价值低廉。即便你跟她结婚了，你也会心有不甘。

而且，心理成熟、自信、知性、美丽的女王会对“坏男人”惯用招数免疫，迷糊的女孩迟早也会变聪明。张韶涵的一首《潘多拉》就足以把“坏男人”招式一网打尽。已经退化成只等女人贴上来的软骨男人，在女王眼中毫无吸引力。

所以，阅尽千帆的你要是想正儿八经找个妻子，最后还得靠你的“好男人”资质，你只要学会迂回地晒出你的实力，采取“先吸引，后追求”的策略，为自己设定一副王者的姿态，女王会依你的。永远记住，雄性魅力是吸引女人最原始的资本。

事实上，男人获得女人的芳心，比女人吸引男人容易得多。第一次约会在整个恋爱过程中可算最妙趣横生的一段，虽然多少有些紧张，但是只要做到得体、淡定、从容、轻松、愉快，就排除了被她决绝否掉的可能，除非她有特殊癖好。因为大部分女人见过一面之后，即便对男人没有特别感觉，只要不反感，还是允许对方再约，再多看几次，反正多一个追求者没什么坏处。当然，假如你希望在竞争者中首先占据有利位置，你就要在她心中树立王者的形象。你懂得，女人会爱上国王的。

稳扎稳打：把握约会五要点

用着装暗示你的品质

你是不是认为男人只要有能力就不怕打光棍？

你是不是认为男人不同于女人那么婆婆妈妈，出门不需要打理？

你是不是从来只顾着打望大街上的美女，却很少会注意到女人打量男人的眼光？

喜欢看相亲节目《非诚勿扰》的朋友，就会注意到许多男嘉宾一上场还没有自我介绍，就遭遇灭灯，是因为男嘉宾的外表不符合她们的要求，不一定是身材问题，而更多是因为服装打扮。什么“不喜欢西装双排扣”、“不喜欢西装配牛仔裤”、“不喜欢光头”、“不喜欢衬衣”、“不喜欢这种搭配”、“不喜欢这个颜色”……

有些男人会评论说这些女嘉宾怎么都这么肤浅！难道她们不懂得衣服是可以经常更换的，男人在婚后完全可以按女嘉宾的喜好来着装。他们认为，作为聪明的有内涵的女人，不会以穿戴来衡量一个男人。

你这样想很正常，不过，你反过来想，其实不少女人也会认为首先看女人长相和打扮漂不漂亮的男人很肤浅，但结果是什么？结果是，男人照样先看外貌，而且越是有实力、有品位、有内涵的男人对相貌的要求越高。

所以，“老实”男人，别因为“郎才女貌”一句俗语，你就真的把不拘小节贯彻到底，女人看男人第一眼，同样是从头到脚都不放过的。所不同的是，女人主要目的不是想看你脸蛋是否精致，身材是否健硕，而是通过你的外表判断你的生活状态，它能透露你的家境、教养、职位、性格等大量信息。别怪她们势利，那是女人选择配偶下意识的心理过程，正如你打望美女的过程一样，纯属自动反应，不用学的祖传技能。而且，男人你可能不知道的是，女人打量男人的认真劲儿，有时用一丝不苟来形容还嫌清淡，挑剔程度绝对比得过她们最后跟服装店老板砍价时猛批衣服大小缺陷那种状况。

所以，如果你想在约会中制胜，从头到脚打理一翻是必需的。

1. 左偏分的短发，神奇的魅力。

大部分约会的女士表示，对留短发的男士比较有好感，因为那显得干净利索。大部分女士不会喜欢光头，那被认为是身体状据相亲网站珍爱网的一项调查，按女会员的好感程度从高到低排序的男士发型是：左偏分短发、右偏分短发、平头、中分短发、长发。

况不佳的特征而显得衰老，除非你是富豪，那将弥补这个不足。较少女士表示会找一位头发比自己长的男士约会。

另外，在短发中，女士对左偏分情有独钟，中分的发型则较不受欢迎。

2. 勤刮的胡子，干净的脸。

胡子是男人的外在雄性特征之一，但是在高度文明的时代，胡子却成为邋遢、社会地位不高的标志。除非你是显赫的富豪或者著名的艺人，否则，大部分女人见到各种脸上挂着奇形怪状胡子的男人，都不会有特别好感，尤其是白领女性。她们认为，不刮胡子是不讲究个人卫生的表现，而时尚杂志上的帅哥型男通常都有一张干干净净的脸，或者只剩下刮不掉的胡子茬。

据调查，超过八成的女性不喜欢留长胡子的男人；而尤其让她们反感的胡子类型排序是日式胡子、八字形的胡子、像森山野人一样的大胡子、络腮胡子。其中，络腮胡子是较被认可的一种，有约6%的女性表示对这种类型的胡子情有独钟。而有约55%的女性表示，对第一次见面的男士，如果他刚刚刮过胡子但剩下一些青色胡楂，那样子很性感。

3. 衬衫西裤，最保险的装扮。

一般情况下，约会不是去郊游或者运动，T恤短裤球鞋的效果是最差的。如果选择休闲装，一定是品牌货。除非你自信自己的品位，太有个性的造型不一定被女生青睐。

大部分女士期望约会男士有较为正式的穿着，对男士的服装按好感程度从高到低排序：衬衫西裤、休闲装、运动装、街舞装。其中，参与调查的部分女士特别指出，见到贴身衣裤的男人一般不会有什么好感，除非他身材真的很棒。

4. 金属手表，暗示你的责任和地位。

对男人来说，手表所代表的不仅仅是一件计时工具，它还是一件装饰品，一件显示你财富、地位和品位的奢侈品。并且，手表还透露你是个守时、有责任心、值得信赖的人，这不仅会对老板有暗示效果，戴手表的男人对女人更有神奇的吸引力。

一项调查数据显示，74% 的女士认为戴手表（不管是不是名牌）的男士更有魅力，并且认为戴金属手表而不是运动手表的男士更成熟可靠。

5. 香水不那么受欢迎。

记者：你平时用不用香水？

时尚男人：用，但通常是参加活动时用。

记者：你对男士使用香水有何看法？

时尚男人：男人用香水，是文明的象征之一。不同的香水可以体现不同的品位。在更原始的时代里，体味应该说是雄性的本能。比如，动物界有很多类似“香水”的味道，很多雄性动物都通过它所发出的气味来圈地，以证明这是它的领地。这个时候，“香水”味道是一种权势的表达。

记者：但是在我们国家，用香水的男士似乎很少。

时尚男人：因为大家还比较保守，以为那是女人的专利。其实男人用香水是有地位、有品位的象征。

87% 的女士对一身香水味的男人没有好感，而对习惯古龙水的黑人礼貌上表示理解。31% 的女士表示要在路上遇到一身香味的男人，会猜测他可能本身就有体味，借香水味来掩盖一下。

你相信“时尚男人”的回答吗？不好说。有些用香水的男人也能招女人喜爱。但是，在约会中，男人一身香水味似乎不那么受大众欢迎。据女士反映，她们会觉得一身香水味的男人太自恋，不够“爷们儿”，甚至有点“娘”。

用身体语言晒出你的自信

你知道“FBI 读心术”是怎么一回事吗？简单来说，就是通过观察对方的眼神、表情和其他肢体动作来看透对方的心思，包括 2010 年底出版的《牌桌上的阅人术》也是使用的这个基本原理。表情、肢体语言受神经系统比较原始的部分控制，因而是人们意识最容易忽视的部分，撒谎者经常在这些地方露出马脚。而当你能够利用你的肢体语言来传达信号，表达你的意志，那将比任何语言都要响亮。

通过调整你的肢体语言，克服暗示社会地位低下的体态，你可以为自己塑造一位成功人士的气场，从而大大提升你的约会魅力。

失败男士的身体语言：

1. 耸肩缩脖子。

2. 回避眼神接触。

3. 手经常摸脸或摆弄东西。

4. 用手托住脸。

5. 与人说话时脖子或身体前伸。

成功男士的身体语言：

1. 与交谈对象保持眼神接触。如果你是说话者，说话的大部分时间都保证与人有眼神接触，眼神接触以 10 秒为间隔在听众之中切换；如果是别人在说话，那你与对方的眼神接触时间是说话时长的 50%。

2. 走路的时候，保持你的头部和脖子与水平线垂直。

3. 经常微笑。当你微笑的时候，你的面部肌肉会跟着放松，于是表情跟着自然会感觉更放松。

4. 挺胸，双肩后拉。让你的胸膛稍微向前突出，并让你肩膀往背后拉。这样你的身体将占领更大空间，像头雄狮一样有霸气，自信十足。

5. 走路时让脚步移动的速度与肩膀一致。

6. 坐的时候，可以伸展你的身体，以占据更大的空间。

7. 走路的速度放慢。你会发现越是高层的领导走路越是不紧不慢的，不需要匆忙，因为他们很熟悉自己要到的地方。

8. 避免夸张而突然变换的姿势。你所有动作都显得流畅而自信。

9. 当你给对方讲故事的时候，你可以配合适度的手势。

将绅士进行到底

有些“老实男人”愤愤不平：我这么好，为什么就是没女孩子喜欢我？

其实，你可能压根儿不懂得让你的好表现到节骨眼上。“老好人”的好不会引起女人注意，女人只会注意到你对她特定的好。女人的观察能力有时候还挺不靠谱的，只会按照一些套路来观察你，最常用的就是那一套“绅士”的礼貌标准。所以，你首先要把绅士该做的做足了。

1. 准时或提前5分钟到。假如你不巧已经迟到了，那么补救的办法是有的。马上飞奔赶去约会地点，喘着气向对方诚意道歉。

2. 让女士先进出餐厅门口，主动按电梯，进出电梯时，按照女士后进先出的顺序。

3. 主动帮忙提重物。

4. 询问女士的意见。例如决定约会节目、用餐地点，点菜的时候，提供几个选择，咨询女士的意见。

5. 配合女士放慢速度。例如用餐、走路等，女士可能会比较慢，你的耐心等待就是绅士的表现。

6. 轧马路的时候，让女士走在较为安全的一边，制造你主动保护她的格局。

7. 主动付费。这并没有任何公平不公平的讨论余地，据调查，超过九成的女性表示会淘汰约会时不主动埋单的男人。另外，要是遇到女士主动要求分担费用，你得视对方是否强势坚持，当女士只是礼貌地提议AA制的时候，你必须坚持埋单。

8. 结束约会的时候，充分照顾女士的安全。最好在适当的车站跟她说再见，陪她等车，直到车来，待她上车及车开出后自己再离去。这样女人便不会觉得你缠得太紧。

主导愉快的交谈

1. 充满磁性的男声。

放慢你说话的速度，这样显得更加沉稳成熟；练习胸腔共鸣，让你的声音听上去更具磁性。女人的耳朵是最容易被感动的，对声音的音色高度敏感。有时你说话的内容并不重要，只要声音吸引人，女人就会对你着迷。

2. 有趣的话题。

初次约会的男女不适宜谈论感情，不适宜立刻表达自己的感觉，因为会给人留下太过冲动的印象。最明智的是以轻松自然的谈话“诱”出对方有兴趣的话题，了解对方的兴趣爱好、对一些事情的看法，也为日后寻找接近对方的途径作铺垫。

据调查，女性最乐意聊的十大话题是奇闻怪事、娱乐八卦、旅行、美食、运动、电影、音乐、其他业余爱好、工作情况、家乡风俗。

3. 避免导致冷场的提问方式。

交谈刚开始时，最好使用开放式提问，例如问她：你平常有哪些休闲活动呢？这样让她自由发挥，就不会无话可说。

避免总是问可以用“是／否”来回答的问题，假如你问她：你看不看电影呢？她有50%的机会答“否”。而她每回答一次“不”，与你的距离就越拉越远。而且很容易导致谈话结束，这个话题接不下去了。

4. 一招助你迅速聊得熟络。

你是不是特别讨厌冷场的感觉？

你是不是觉得跟陌生人聊天，经常落得越聊越陌生的结果？

你是不是脑子里原本有许多话题可以聊，却最后总落得像没话找话一般？

你是不是习惯一个话题接一个话题地谈，就像你执行你的工作计划一样？

你是不是喜欢跟别人在同一个主题上深入讨论，但发现很快深入不下去了？

其实，要最大限度地避免冷场不难，方法简单得让人难以置信。

那就是同时展开多个话题，调动你的发散思维，在一个话题刚开始的时候，插入新的话题，并且让几个话题交错地同时进行。实践已经表明，这真的有效！

这一招是啥原理？为什么会有这种效果呢？

其实，交际的技巧常常来源于对人际交往的观察。你有没有发现，你在跟自己相熟的人聊天时，特别自在，貌似总有聊不完的话题？你们经常会同时在聊几个话题，旁边的人听起来不一定跟得上，但你们却不会感到混乱。这是社会学家发现的一个现象，如果你从结果反推，就很容易得到同时进行多个聊天话题、聊得

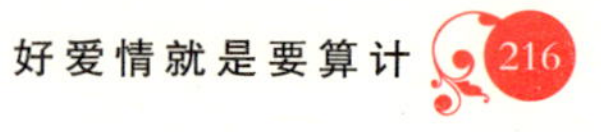

没完没了的一对应该是熟人。

把握约会全局

邀约之前，你最好就想好有什么节目，包括具体的时间、地点，都准备好，否则你的邀约就显得不够诚意。并且到了约会的时候，要是你不是运气特别好或者你特别会随机应变，约会可能会被你搞砸。

1. 约会时间。

约会时间当然必须征求女士的意见。但为了表示你考虑周全，诚意十足，你需要认真了解各个时间段的特点，准备适合双方情况的两个时间可供选择。

最受欢迎的约会时间是：

最好：星期一至星期四的晚上六点到八点。这个时段是人们工作一整天，身心刚刚放松的时候，既不像中午那么累也不会像星期六、星期天那样想睡懒觉。

其次：周一至周五的午餐时间。这个时间虽然有点赶，但对工作生活都特别忙碌的男女，也算不错的约会时间。晚上可能要加班，而约在周末又占用其他活动时间。

一般：周末白天或者晚上九点之前。

避免：晚上九点以后。男士提出九点以后约会，大多女士会拒绝，还会反感。

2. 约会活动。

约会高手懂得与“潜女友”初次约会的技巧。共同的爱好可以拉近彼此的距离，就算只是刚好喜欢吃同一种拉面也不错！初次约会不妨先找一些小而单纯的共同点吸引对方，把握好愉悦的“第一次”，才会为你们的将来打下良好基础！

例如，你事先了解到对方喜欢打羽毛球，那么你可以约在羽毛球馆一同切磋球艺，甚至借让她教你打球的理由，从而制造机会靠近她。

据调查，女士喜欢的十大约会活动：郊游、进餐、看电影、爬山、球类运动、玩扑克、去游乐场、看展览、看演出、K歌。

3. 约会地点。

比较安静，适合聊天，安全，不引起女性戒备，可以看清对方但光线柔和、环境干净舒适。可以考虑西餐厅，而一般中餐厅会人多太热闹。

如果是餐厅，要注意找一个角落的位置，这样可避开众人的目光，而且，你还要请她坐在背向门口的位置，这样她的视线便会以你为中心，同时你自己则可看到整个餐厅的情形，能够在平静的气氛中引导谈话内容。注意，还要避开会带来麻烦的约会地点：你家、她家或办公室。

特殊情况：假如你们不善言谈，那么第一次约会切忌定在过于安静的餐厅，相对而坐吃东西。太吵闹的酒吧也不应在考虑范围内。回转寿司或者韩式烧烤都是不错的选择。回转寿司的话，两人并肩而坐，避免“对吃”的紧张；而韩式

最受女士欢迎的十种约会地点：必胜客、麦当劳、咖啡厅、其他中高档餐厅、公园、游乐场、运动场所、地铁站、展览馆、电影院。

烧烤，你可以动手烤食物给对方吃，尽显体贴周到的优点。

约会地点选择的误区：有些男士以为约女士就要去很贵的地方，其实一般女士到了太贵的地方会感觉有压力，非常不自在。

4. 约会过程中，主动决策。

例如，在点菜这个细节上，你要有自己的准备，先问她想吃什么，如果她不表示意见，你就可以自己决定菜单。别落得推来推去没有人做主的尴尬局面。

又如，约会路线的问题肯定要先心里有数，不少女人的方向感比较差，男人通常要负责找路带路的。

5. 结束约会，并为第二次约会作铺垫。

第一次约会应该在女孩子还想和你相处时结束。这是使她期待下一次约会的绝招。同时，你应运用如下的邀约技巧。比如在等车时，你问她："很快端午节就到了，你平时都喜欢在哪过儿端午？"接着这话你很容易就找到借口约她出来。又或者，她在将分手时这样说："和你相处，我这个晚上过得很愉快。"你必须立即接上话头，说："那实在太好了，我下次会让你更快乐。"然后再适当地重复一下下次约会的时间和地点。

事半功倍：避开约会十诫

一、迟到不道歉

不管你出席哪一种场合——会议、面试还是约会，迟到绝对是大忌。大多数人会把迟到的人和不能信任、不负责任、不够自律等负面的人格特质联想在一起。况且，大家的时间都宝贵，谁会想浪费在一个连基本的守时都做不到的人身上。还有一种情况更让人为之气结，就是迟到了也不先道个歉，装作没事人一样，甚至扯一堆借口。

据调查，九成女士表示会淘汰迟到超过 10 分钟的男士。另外，不少女士指出，对迟到了还装作没事人一样的男士，立马离开。

最好比约定时间提早 5 分钟到，可以让自己喘口气，顺便整理一下仪容，而不要匆匆忙忙、上气接不了下气地“适时”在最后一秒出现。

二、约会成了个人演讲

有些人则是因为自己太紧张了，所以借不停说话来掩饰。或者好为人师，习惯长篇大论，像教授小学生一样，但那得先小有名气或者有头衔作为基础。不然，你的什么人生哲理什么大理论只会让女人打瞌睡，或者直接看穿你腹中无墨。

约会本来是两个人借着聊天互动的机会认识彼此，但如果整个过程中只有你自己说个不停，不让对方也有说话、表达自己想法的机会，那你如何认识他（她）？也可能让对方以为你是个爱表现，只对自己有兴趣的自恋狂。遇上有些主见的女性，更加对你反感、抗拒，认为你在把自己的思想强加给她。

另外，女人喜欢聊天，也喜欢被人倾听。能听出她心声或者让她觉得你听得懂她心声的男人，很容易俘获她的芳心。所以，假如你可以主动制造成为她倾听者的机会，那将大大提升你的成功率。

三、夸夸其谈

男士下意识知道女人喜欢有本事的男人，约会时不免会不由自主地大谈自己认为多么了不起的事。而女人虽然喜欢有才能的成功男人，却偏偏不喜欢听到直白的自夸。因为女人早已练就了一双火眼金睛，轻易能听出其中的真假。较高水平的炫耀就是低调的暗示。越是说得不那么一回事，也越让女人乐于相信，并觉得你有才又谦虚，一举两得。

四、误用女人的同情心

你是不是看了一些有关女性心理的资料，介绍女人有先天的母性，有时候会因为同情而产生爱怜？于是，你以为你可以像个孩子回家向妈妈撒娇来博得女人的同情，介绍自己的沧桑经历，诉说自己多少心思无人能解，时常又欲言又止。

一项调查显示，82% 的女士表示，听到男人抱怨自己的不如意；第一反应就觉得他是个生活的失败者。同时，关于对方的浪漫幻想顿时消失。

但事实上，大部分女人会觉得第一次约会诉说自己各种不如意境遇的男人比较无能。

五、东张西望

当对方在说话时，保持适当的眼神交会及点头示意，代表你很注意聆听她说的内容，这是一种对对方基本的尊重。

千万不要一边听她说话，一边眼神游移，目光不时地被身旁走过的辣妹牵引，或者频频看表又看手机，看起来一副想早早结束这次约会的反应。也许，还没等你开口，对方早就起身对你说："不好意思，临时想到有事情，我们今天就到这里结束吧！"

记住，女人对这种心不在焉的事特别敏感，除了觉得你对她极度不尊重之外，还会下意识联想你平日就是个到处拈花惹草的公子哥儿，警惕性高、决断力强的女人马上离开的概率很高。

女士最反感的男士十大约会小动作：抖脚，跷二郎腿，盯着女人上下打量，双手插裤袋，伸懒腰，吃饭发出响声，舔嘴唇，当众剔牙，梳头发，手在自己身上乱摸。

六、凡事都征求她的同意

不少“老实男人”总是觉得凡事都征求女士的同意是表示你对她们的尊重。

事实上，这正如女人不喜欢男人问是否可以吻她们一样，你除了让女士无所适从以外，还会让女士觉得你没有主见。在两性关系中，男人总是征求女人的同意就永远不会有进展。例如，约会吃饭后你老问对方接着干什么，那你就比较失败。其实女人对总问她们可不可以的男人感到很苦恼。

在很久很久以前，你的曾祖母就习惯了啥也不想，随你的曾祖父去天涯海角。如今，你要是连去哪里都不知道，很容易让她怀疑你的性别。

你知道女人想从男人身上得到什么吗？一位女士的话就挺有意思：“结婚后我觉得最幸福的事，就是外出吃饭由他负责点菜。”

七、送贵重礼物

你有没有这样的经历，好不容易约到心仪的女生去餐厅吃饭，买了礼物，送花到她公司，寄包裹给她，接着还送项链送手镯，最后依然被她拒绝。但是用一块钱折成的纸花送给她的男生却抱得美人归。

知道我想说什么吧？这其实很正常。你送礼物的时候，你传达了一个明确的信息：我觉得你可能不会喜欢上我这个人，所以我打算从你这买三斤关心和二斤爱情。你良好的愿望往往让女人感觉这是你因为自卑而作出的过度反应，而且有点欺骗性手段的成分在里面。女人甚至怀疑你是不是有什么不可告人的缺陷，于是不惜重金来追求她，或者是希望用金钱来买她的欢心，而非认真发展可以结婚的一段关系，即便你是富豪也很难摆脱这类嫌疑。

八、现金不足要刷卡

带不够钱肯定是个非常蠢的情况。国外研究发现，当一个人出门经常身无分文，习惯刷卡付费，或者每次付钱时，才急着去提款，都可能让旁人觉得你是个依赖成性的人。

当然，打肿脸充胖子也很难看。假如你实在没带太多现金或者你实在经济情况一般，你就需要见机行事，改去花费比较少的地方约会。

九、急于亲密

第一次约会，男人要求亲吻、拥抱这些举动都是不太适宜的。尤其注意别碰女人身体的敏感地带。

虽然“一见钟情”这种事的确可能发生，但才见第一次面，就急着想把对方“套牢”，可能反而会使她惊惶失措地告诉你：“谢谢，不必再联络。”然后拔腿逃跑，白白丧失进一步互动的可能性。

我见过不少真实的案例，本来对男会员感觉还好的女会员，约会回来反馈男会员太性急了，不仅想拉着手，还要抱得太紧，感觉压力太大，进而产生反感，开始怀疑男人有什么问题。

十、急于表白

你大概已经听过不少表白失败的案例了。认识许久的男女表白尚且会因太唐突而失败，第一次约会就表白成功率可想而知有多低。女人可能觉得你太轻浮，因为男人的承诺居然这么快速冲动地说出，难保你真的会对自己说的话负责。

记住“女朋友”是一种事实，表白只有在男女双方意愿都比较高的时候才会有效。而最高明的，就是直到结婚了也没问过“你是否愿意做我女朋友”或者“你愿意嫁给我吗”。而告白的最好时机，前面说了，就是：事实上已经成为你女朋友了，你向人家表白，水到渠成。

有没有“迫不得已非表白不可”的时候？有。比如说出现第三者，或者你和女孩子关系没有成熟，但两个人可能分开一段时间。这时候的表白就是条件不成熟的表白，风险非常大，但只求一搏。

脱颖而出：独门吸引术

前面说过了，单靠表白来追求女人不是明智的举动。男人常犯的巨大和不幸的错误是过早地告诉女人他们感觉怎么怎么样。因为如果你过早地表白，她们可能会觉得你只不过也是一个缺乏控制力，对她们“一见钟情”的男人罢了。而一开始就明白摆出追求的架势，也不是最高明的方法。记住，第一次约会，你的姿态是吸引，不是追求。正式的追求行动最好等待女人对你产生好感之后才展开，这样，日后追求的成效才会大大提高，并且不那么费力。

要在第一次约会时首先给对方留下积极的印象，引起女人对你的浓厚兴趣，你需要展示你的非同凡响，即方便让她从你身上侦测到女性潜意识中优秀丈夫的特征。简单来说，女性潜意识中的优秀丈夫就是一个有地位，社会价值高，忠诚负责，并且与她有情感共鸣的男人。

现在具体介绍独门吸引术，帮助你在第一次约会时就牢牢地把她吸引过来。

男人们都得听我的

有些年轻男人以为，只要我让女人知道我多有上进心、多有理想就够。其实，那远远不够。你还需要让她知道你有具体的计划，你是否努力，你是否具备实现你理想的潜力。《非诚勿扰》有好几场的男嘉宾都犯了同一类明显的错误，就是先晒出自己的雄心壮志远大理想，却在被问到具体实施计划时答不出一个所以然，被女嘉宾认为是痴人说梦而遭到集体灭灯。

而你现在的成功，比你的上进心和发展潜力更加具有说服力。当你以成功人士的姿态出现在女人面前时，她即便不清楚你多么有理想，实际上身处多高的位置，也会情不自禁被你的自信魅力吸引。

所以，要最大限度地吸引她，从出现在约会现场那一刻起，你就要有意识地通过身体语言来显示你的自信。可以再复习一下在“稳扎稳打：把握约会五要点”里，如何利用你的身体语言来传达你是位成功人士的信号。

而“男人们都得听我的”这样的信息，则是最直接的声明：我是王。

在原始部落，首领是最受瞩目的，不论男女。而女人爱上的首先是首领，王者永远是地位、权力、财富、能力的拥有者。女人无法不爱资源如此丰富、有足够实力能提供安全的男人。特征就是，男人们都听他的，那个就是首领，这比头顶的王冠更有说服力。所以，你透露出你手下有多少人马为你卖力，就相当于告诉对面的女人：我就是首领。

你可以貌似不经意地透露，你派遣男下属干活的事实。

肖小姐：你是做什么工作的？

雷先生：我跟我的团队在设计未来的城市生活。

雷先生故意停顿一下，肖小姐好奇地望着雷先生。

雷先生：我带领我的团队致力于将手机网络的超前概念转为事物投入应用，未来的城市的模样将会是你意想不到的，人们的生活会更加自由、方便、内容丰富……

事实上，雷先生的工作要直白地说，就是一个开发团队的组长或者项目经理。但是这样直白地说，不会有特别的效果，女人听起来只会觉得雷先生就是一个项目经理而已。而雷先生换了一种说法之后，并强调了两次是他带领团队。这样，便达到了传达目标信号：我是男人中的领袖。

我不缺女粉丝

心理学家发现一个十分有趣的现象，人们会认为身边经常有美女伴随的男人更有魅力。这个现象跟万人迷现象非常相似，或者讽刺地说这是“狐假虎威”的效果。

在约会中，先故意向对方展示你具有较高的社会价值，即你在女人眼中是个有魅力的男人。利用“羊群效应”——人们会盲目认为多人想要的东西就是好的，于是也想争一把——你可以立刻勾起约会对方对你的兴趣。

普通人基本上不会像刘德华那样有个杨丽娟之类的女粉丝闹得人人知晓。即便你有，例如在你的博客上就有不少美女粉丝留言，但这个带不到约会中去。而你赴约也不可能带上一群美女去。

在约会的情景中，具体怎样可以向对方传达“我不缺女粉丝”的信息呢？可以向现场的女性借力。

1. 比如在餐厅，你从进门就跟一路的女服务员表示友好，她们对你的友好会自然报以更热情的招待。这些女性对你的热情，就是一种暗示：你很受女性欢迎。

2. 假如你们在户外，例如是约在一起打球，那么你在运动场上千万别吝啬对在场女士们展现绅士风度，这可能会随时惹来女性对你的热情示好。不过切记，在招来异性的热情的同时，又刻意保持距离。对你的一举一动，你的约会对象可是全都看在眼里的！

3. 如果你觉得值得花重金来赢得约会对象，你当然可以找你的女性朋友帮忙来现场给你演。

先取笑后赞美

对女人采取软硬兼施、恩威并济的战术很有效果。从头到尾对女孩子百依百顺，不见得就好。最聪明的办法就是要刚柔并用。有时候温柔，有时候稍为霸道；有时候宠她，有时候树立小小权威形象，两者灵活应用，必可百战百胜。

尤其面对漂亮的女人，她们平时就习惯了得到男人们大部分的注意力。她们从不缺男人搭讪，每周可能有几十次，每个月就有几百次。猜猜这意味着什么？意味着漂亮的女人对男人的赞美已经听到麻木。反倒是你突如其来的取笑，会引起她的注意。例如，故意俏皮地取笑她："你今天的发型有点乱"、"昨晚太兴奋没睡好吗，眼袋涨得像两瓣香橙橡皮糖。"

心理学家发现一个有趣的现象，先贬后褒与一贯的赞美相比具有更神奇的人际吸引力。人们对起初常跟自己唱反调而后来转而赞美他们的人，会产生特殊的好感，并且会更加相信这些人的赞美是发自真心的，内心特别感激。

所以，当你故意拿对方一些特别自信的东西来取笑，吸引到

她的注意力后，接着针对她平时很少受到外人关注的特点来夸奖，将会让她心花怒放，觉得你与众不同，是个有水平的男人。

当然，对不同女人的策略还有些细微的差别：

对长相突出的女人：称赞她智慧。

对长相普通的女人：称赞她美丽。

对工作能力特强的女人：称赞她有女人味。

我就是那个懂你的人

孤独是人的一个基本恐惧，人们都需要朋友，不仅为了有个伴儿一起吃喝玩乐，还为了在世界上找到另外一个人能了解自己的感觉，从而减少那种据哲学家说是必然的孤独感。人们似乎一辈子都在寻觅知音，但我们知道要找到那个人其实很难，可能压根儿没有另外一个人能够真正了解自己。而偏向感性的女人却偏偏容易相信有人能成为自己的知音，与爱人心有灵犀的感觉无疑是女人最常幻想从爱情里获得的一种感觉。因此，如果你能够让她觉得你懂她，觉得你和她有心灵相通的“缘分”，那么女人会很容易爱上你，她认为那是“命中注定”。

那么，怎样才可以让女人觉得你是懂她的？

1.交谈的时候，通过有技巧的问话，可以初步了解她的喜好，再借机暗示自己与她有相同或相似的爱好。

2. 细心观察很重要。

细心的男孩给人好感

王小姐回忆她的成功故事。

第一次约会，他请我吃自助餐，那一次，我们吃了近两小时，具体聊过什么我记不得了，但是清楚地记得一件事，吃到一半的时候，他突然对我说："你一定不喜欢吃沙拉。"

我想从我惊讶的表情里他一定肯定了他的判断。

"你怎么知道？"我问。

"我会看相呀，一看就知道你喜欢吃什么不喜欢吃什么。"

"怎么可能？"在我的逼问下，他招了："从开始吃饭到现在，虽然你拿过水果吃，却从来不放沙拉，也不拿拌好了的水果沙拉，我当然肯定你是不喜欢吃沙拉的了。"

天呀，原来他一直在观察我。

"我敢打赌你就说不出我最喜欢吃什么或最不喜欢吃什么。"

听他这样一说，自己赶快伸头去看他饭盘里有什么东西，好像什么都有，然后很无奈地冲他摇摇脑袋，我确实不知道。

就因为跟他的这一席谈话，让我对他有了好感。

这个男孩，成了我现在的老公。

这个男生很聪明，其实他只做了一件简单的事情，就是注意对方都吃些什么，从而可以轻易总结到对方对食物的一些喜好；而男生在约会时关注对方，同时会观察到对方有无反过来观察自己，自然又轻易得出对方猜不出自己喜欢什么的“预言”。

3. 可以掌握一些简单的读心术，加以练习。

不过，案例中男生使用的这些只是皮毛。假如你有精力，可以学习观察人的肢体语言，观察人的着装细节，以及人的长相，从而抓住其中透露的个人性格特点。假如你可以在第一次约会就猜中女人的性格特点，尤其是指出她希望被人发现而很少有人发现的一面性格，你就足以让她产生遇见知己的错觉了。

我是真君子

为什么那么多女妖喜欢唐僧？除了想吃唐僧肉以外，还有一个很隐蔽的女性心理。不少女人喜欢吃素的男人，假如连吃素的男人都能被她诱惑，那将是对她魅力的最好证明。

而且，女人最常考验男人的就是看他能否过美人关。在电影《爱情呼叫转移》中，女老板梁惠君设众美女考验徐朗那一幕就非常经典，搞笑之余，还告诉我们女人的择偶心理。尽管她们下意识知道男人其实都很“博爱”，却以为通过这种考验的男人，就不那么容易有外遇。

事实上是个男人，即便他没胆量实际行动，心里也会乐得幻想，不存在什么不好色的君子。只是，大部分女人依然很接受这一套的。所以，攻心上策就是，你越是表现得不对她们有那个想法，她们接下来越会自动靠近你。

建议你：

1. 约会期间杜绝毛手毛脚，不要盯着她的胸部看，即便她穿的是低胸装。

2. 对美女视而不见。一方面可以暗示她，美女你没少见过；另一方面，显示你有十足的定力。

3. 不延长约会时间。这其实一举两得，一方面说明你自控能力很好；另一方面，说明你是个忙人，可能接下来还有重要的会议呢。

4. 只礼貌上询问是否需要送，不要求到她家。如果因为安全的考虑，你只送她到家门口。什么都别做，目送她进入屋里，就离开。她会联想许多，发现你规规矩矩地离开，什么都没有过分，那你在她心里就塑造了一个真君子的形象。

这是情场老手快速获得少女信任的惯用招数，有时他们用的方式更明显。例如，他们会把目标带到什么事都可以发生的地方（酒店、郊外），然后什么都不让其发生，一等到天亮，女人的芳心已经自自然然被这个“忍得住的君子”俘获一大半。当然，这些情场老油条是伪君子，第一天的忍耐，为的却是第二天女人的主动献身。

5. 要是遇到女人故意用一些性感撩人的小动作来暗示你去亲近她，你千万别上当。有些女人表现得很主动、风骚，那可能是在考验你。你这时就要装成“木讷男”，好好利用这些时机来塑造你的君子形象。

另外，有些男士反会担心没有表现出“猴急”的姿态，会让女人以为你对她没兴趣。你大可不必有这种担忧，其实，男人会因为女人显得冷漠而不继续约会，而女人不会有这个问题。因为，你随时可以主动出击，只要你再次约会她就足以表达你对她的兴趣，不存在担心对方不了解你心意的必要。

见招拆招：巧用意外情景

当你遇到意外的场景，例如她居然带上个电灯泡来跟你约会，或者遇见小孩、长者，你可能以为对方故意找麻烦，不重视这次约会，于是你怎么也轻松不起来，仿佛一场约会就要失去控制，完全不在你计划之中。其实，你不必烦躁，大可见招拆招，这些意外出现的元素说不定正好可以利用来展示你的美好品质，让她越发觉得你是丈夫的优秀人选。

意外情景一：她带个女性电灯泡

假如你约了一位刚认识的美女出来，结果美女带上她的女性朋友做电灯泡。这种情况怎么办？

1. 如果她们要求去高级餐厅或者场所，大吃大喝大玩，说不定是饭托。

2. 如果她们不是饭托，在这种对方故意带上电灯泡的情况下，说明对方不是很习惯相亲或者对你还不是太有意思。这时候你可以将计就计，把注意力放到电灯泡上面，利用电灯泡来扭转局面。

一般来说，你很难见到街上走着的两个同时是美女，一山不能容二虎，美女都喜欢带上片绿叶来衬托自己。美女带来的电灯泡通常是相貌比较一般的女孩子。

在约会过程中，你的策略是分配给与电灯泡和美女各自互动的时间比例在6∶4左右，同时，你对电灯泡要非常友好，尽量展现你的优点给电灯泡。约会结束，你先跟美女礼貌而简短地道别，接着重点地非常热情地与电灯泡道别，表示下次大家有机会再一起出来玩。

这样，目的是让美女感到受了点儿冷落，心理不平衡。习惯了被异性献殷勤的美女，很可能因为居然没有丑女电灯泡受欢迎而感到特别没面子，心里期望下次再出来证明自己得到你的宠爱。并且，习惯了被冷落的电灯泡很容易因为你的热情而觉得你是懂得欣赏内涵的男人，与众不同，在她眼中，你的优点就会无限放大，她对你的评价也会提高你在美女心目中的价值。于是，你继续成功邀约美女的可能性就会大大提高，并且，你很容易成为美女证明自己魅力的吸引对象。

意外情景二：她的家长陪相亲

晚辈的婚事，长辈有时比谁都心急，除了作为催婚势力的存在，他们还特别用心良苦，事无巨细都想知道，有时就直接亲临相亲现场了，省得晚辈描述不清楚。遇到有家长在的情况，当事人其实都比较尴尬，有时甚至导致本来可以擦出的火花都提前灭掉。

不过，你不用灰心，其实你可以借她的家长的力把局面扭转。

那么你要做什么？其实你要做的就是把绅士作风坚持到底。一方面用面部表情、肢体语言告诉你的约会对象，你一直在关注她；另一方面，你把聊天的主要对象转移到对方家长一边。在整个过程中，表现尊敬长辈的美好品质。在跟她的家长聊天的过程中低调地显露自己的才能、个性和美好品质。

意外情景三：她后面跟着个小孩或宠物

通过男人对小孩或小宠物的态度来给他打分是女人们下意识的选择，女人会觉得一个对小孩或宠物没有耐性、没有爱心的男人不适合当孩子他爹。所以你要注意：

第一，表现出对小孩或宠物的关心，不要一直只盯着女人看。

第二，如果女主人只顾着去打理小孩或者宠物，你可以主动询问是否需要帮忙。不要一副不耐烦的样子，或者坐视不理。

第三，小孩子或者宠物顽皮是经常的事，你最好一笑了之。

解密男女

表白的身体语言

当你约上了对方，或是被对方约上以后，初次见面后你怎么知道TA喜不喜欢你呢？

大家都知道，初次约会，双方都尽量保持礼貌，要从对话中判断对方的态度是不容易的。所幸的是，人类在漫长的进化过程中，在男女求偶上保留了一些下意识的肢体语言，从这些肢体语言我们可以看到他们内心的感受，现有的大量进化心理学研究也得到了同样的结论。

我们先从女性说起，女人谈情说爱经常口是心非，但是你可以透过肢体语言去洞察她的芳心深处。

女孩泄露心思的小动作

头部招数：拨弄头发

女性在心仪对象面前会频繁拨弄头发，拨弄头发除了让人感觉自然、优雅，还会散发出迷人的香味。科学家发现，当女人轻轻抬起手臂拨弄头发时，她的腋下会分泌类似费洛蒙的化学物质，这是一种散发女性魅力的气息，让男人神魂颠倒。

颈部招数：显露颈部

女性下意识地知道显露颈部是很性感的。这时候，你可以称赞她的头发或项链来回应她。

肩部招数：耸肩侧望

她用肩膀含蓄地表达喜欢你

在并肩走时，如果你观察到你的女伴一边听一边俏皮地耸肩向你望去，这是一个她含蓄表达喜欢你的信号。她用肩膀包围自己的俏丽的脸蛋，下意识中暗示你可以随时给她一个甜蜜的拥抱。

手部招数：手腕向你

手心对着你——她喜欢你

手背对着你——她觉得你乏味

相亲约会免不了外出就餐，就餐时当她对你展示柔弱的手腕内侧时，说明她对你有好感。因为展示柔弱是女性引起男性控制欲望从而吸引男性的常用方法。不过这里要注意的是，当她手心对着你才是喜欢你，相反，当她的手背对着你，就是下意识里她觉得你乏味。

腰部招数：扭动腰肢

正常摆动腰肢　　大幅度摆动腰肢

饭后，礼貌上男士都会和相亲女伴散个步，如果你观察她跟你一起行走时摆动腰肢，那暗示什么呢？

从生物学上的角度看，当女性与心仪对象在一起时，她们会有意无意更大幅度地摆动腰肢，向雄性展现她美妙的身体曲线，以突出她的性别特征。

脚步招数：微抬小腿

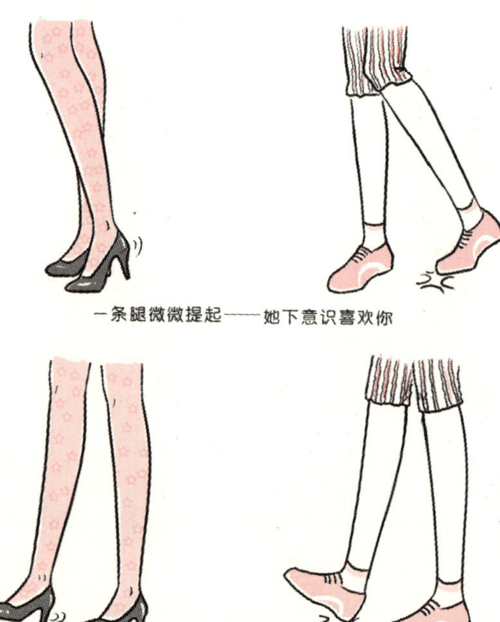

一条腿微微提起——她下意识喜欢你

脚跟在地面来回摩擦或转动——她对此时交谈的话题不感兴趣

如果在并肩走的交谈过程中，她的一条腿微微提起，是她下意识喜欢你，但如果她的脚跟在地面来回摩擦或转动，这表明她对此时交谈的话题不感兴趣，如果你遇到这种情况，最好转换个话题吧。

接下来我们看男人，男人是一样的，事实上大量心理学的研究证明，男人在语言的表达能力上是远远不如女人的，所以他的肢体语言就变得非常重要。

男性表白情感的肢体语

头部招数：整理仪容，抚摸下巴

在约会时你如果看到他在整理自己的仪容，或经常下意识地在你面前抚摸平整他的领带，归拢头发，那是他急于向你呈现他最好的一面。

或者在你们吃饭聊天的时候，他不时地在你面前摸摸下巴或者脸颊的话，说明他对你有意思，不要以为他是牙疼。当我们对别人产生动情的时候，脸的下半部会变得比平时格外的敏感，而摸脸是因为他对你有触电的感觉却又试图掩饰他紧张的内心。

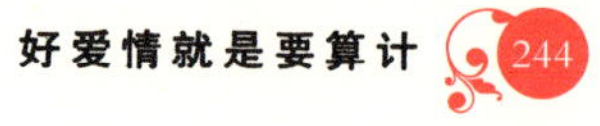

胸部招数：挺起胸膛

平时男性一般都会处于放松状态，站姿比较随意，但当约会见面时你会看到他突然挺起胸膛的话，这是因为男性通过挺胸在下意识地暗示能够保护女性，不受其他男性的骚扰。

手部招数：搀扶肘部，借看手相

男人看到心仪女生时会下意识产生身体上碰触对方身体的欲望，常用的招数是先谈他的手相，目的是过渡到拉你的手看手相。

男性第一次触碰心仪女生的另一个常用招数是在借口过马路有风险时，用手轻护你的肘部或肩部，这是男人试图保护女性的暗示。

脚部招数：放慢脚步

如果他喜欢上你了，越是接近约会的尾声，他越是不想离开你。但是碍于面子，他只能笨拙地在跟你道别之后把脚步放慢还不时地向你离开的方向望去，希望你能注意到他对你的不舍跟与你再次约会的意愿。

后记
幸福，需要一步一步走出来

第一次约会，只是二万五千里长征迈出的第一步，虽然很重要，但接下来的路还长着呢，

紧接着就有各种各样的问题需要逐一攻破。

你可能会有这样的烦恼：他还没有电话给我，我要不要主动联系他？

有些人建议：千万不要。如果他对你感兴趣，他一定会再找你的；如果他对你没有意思，你自己找他，岂不是自讨没趣？

另一些人会给相反的意见：如果第一次约会时感觉对方有意思，不妨去电热络一下。现代社会，思想开放，不用计较那么多到底，这电话要打还是不要打呢？

这些问题有时还相当棘手呢！缺少一点“恋爱情商”都不行。

好不容易在千万人当中遇上符合心意的他，你甘心轻易让他从你身边离开吗？你不会甘心的。为了约会进展顺利，最大限度提升约会质量，你也许还需要更多的约会智慧。

为了成就天下姻缘，我们也会继续努力，陆续推出更多关于约会的知识和技巧。

正所谓，笑到最后的人才是真正的赢家。我们真诚祝愿你最后找到能与你幸福生活的另一半。

附录

提高约会成功率的独门招数

独门诱惑术（女王版）		
步骤	语言/姿态/行动	目　的
第一步	我不着急	瓦解男人害怕被缠上的戒备心理。同时，先下手为强，争取主动权。
第二步	我是万人迷	让男人知道你的价值不菲，于是也想得到你。
第三步	我不容易得手	让男人看到难度，跃跃欲试，激起他原始的征服欲，以证明自己多了不起。
第四步	打击他的傲气	通过打击他，大大地刺激他的神经，引起他的注意，让他更认真地打量你，同时越发想把你这个不好对付的女人征服。
第五步	给他一点甜头	避免因为追求你可能会很难，而让男人望而却步。你给他的甜头，像丢给他的诱饵，给他的鼓励，使得他更加想尝试，追上去抓住你如同抓住从天而降的香饽饽。

最具“老婆范儿”的女性职业排行榜

1 教师
2 自由职业者
3 计算机从业人员
4 商人
5 金融从业人员
6 护士
7 销售/广告/市场人员
8 医生
9 政府机关公务员
10 空姐

相亲成功率最高的女性装扮

披肩直发或者马尾辫，显得清纯可人，容易接近。

素颜或淡妆，切忌浓妆艳抹，涂点唇彩或自然色的口红和薄薄的粉底会使你看起来比较精神。不要涂鲜艳的指甲油，可以涂无色的指甲油，这样性感但又不妖艳。

亮色修身连衣裙配高跟凉鞋或单鞋，古典、优雅、矜持，而色调不显沉闷。

能给男士留下好印象的身体语言

与对方对望的第一瞬间，动动你的嘴角、抬抬眉毛、弯弯眼角，保持至少3秒钟的微笑。

第一次约会中，和对方保持自然亲切的眼神交流，利于交流，同时显得自信大方。

挺直腰背，双肩放松自然下垂，下巴内扣，这种姿态能够提升女性魅力，显示出良好的精神状态。

保持脚跟并拢、脚尖向外打开45度夹角。

步履轻快，稍微走在男士斜前方一点。